# 日本人が知っておくべき
# 中国のこと

武田一顕

辰巳出版

# はじめに

私たち日本人の先祖は、そもそも大陸からやってきました。

その後数千年間、中国の圧力を受けながらも、その文化や政治制度、思想や料理法に至るまで、多くのことを吸収し続けてきました。

今の中国を理解するには、最近の歴史を知っておくべきでしょう。日本は昭和の時代、中国との戦争が泥沼化して、アメリカとの戦争に踏み切り、亡国の際まで追い詰められました。先の大戦は、朝鮮半島の植民地化と中国への侵略が直接の契機であり、アメリカとの戦争はその結果に過ぎない、というのが私の歴史観です。

世界帝国だった清国が、アヘン戦争以後、みるみる落ちぶれていき、ついには日本からの侵略という屈辱を受ける……。このような流れを理解せずに、今の中国を理解することはできません。当然、日本を追い出して、中華人民共和国を建国してからの中国共産党の歴史も重要です。

そこで本書では、中国の政治や経済、文化やエンタメについての基礎知識と、それらに対して、中国および日中間の歴史的観点からの解説も試みました。

また、本文中に中国の詩文や故事成語をいくつか引用しています。どれも中国の知識人の間では広く浸透しているものなので、その部分もあわせて楽しんでみてください。自国の歴史や文化に誇りをもつ彼らの思想は、古典からも見出せると思うのです。

そして、当たり前のことですが、本書で述べていることは、あくまで一断面に過ぎません。「群盲、象を撫でる」という言葉があります。これは、多くの盲人が象を撫で、それぞれが触れた部分だけで、大きな象を評価したり意見を言うことはできない。それと同じように、凡人が大きな物事や人物について評価や意見をしても、それはあくまで一部分であり、全体を見渡し理解することはできないという意味です。

つまり、あれだけ大きな国を、すべての面で正確に理解することなど不可能だと言いたいのです。

それでもまずは知ろうとすること、そして、隣の巨大な国家を理解するための努力を継続することは、日本と日本人にとって死活的に重要なことです。

本書が、中国を知り、理解しようとするあなたへの、ささやかな一助となるよう願ってやみません。

## 第3章 中国の経済事情 ―― 139

第1章

# 中国の政治体制と習近平政権

知って
おくべき！

# 中華人民共和国の基礎知識

中華人民共和国は、東アジアに君臨する巨大な社会主義国家です。共産党によって一党独裁政治が行われ、基本的には土地もインフラも企業も国が所有し、その管理下で運営されます。

ただし、それでは働くモチベーションが維持できないので、初期には小規模なものから私企業が許されるようになりました。政治的に資本主義ではないものの、経済的には市場経済を取り入れて個人の財産の所有を認めています。そのため、社会主義とはいえ機会均等ではなく、業種や職種によって経済的格差が生じてきました。

そして、中国は超大国です。

総面積は約９６０万平方キロメートル。ロシア、カナダ、アメリカに次ぐ世界で４番目の広さで、日本の約26倍です。それが22の省、４つの直轄市（北京、上海、天津、重慶）、5つの自治区に行政が区分されています。台湾は現在、独自の政治体制を保っていますが、中華人民共和国は自国領と見なしており、中国の地図上では、台湾省となっています。

人口は約14億人。世界で最も多く、日本の約11倍です。

GDPは約17兆7580億ドル（2023年）。アメリカに次いで世界2位で、日本の約4・2倍です。

世界地図を見てもわかるように、中国は日本の隣に西から覆いかぶさってくるようにあります。これまでも、これからも、接触を避けて通れない存在です。

中国の気候は、あまりにも国土が広いために簡単には説明できませんが、北部の寒温帯から、南に向かって、温帯、暖温帯、亜熱帯、熱帯、赤道地帯と6つの気候に分類されます。

首都は北京市。中国全体の東側、華北にあり、人口は東京都の1・5倍以上、約2186万人（2023年末時点）です。

## 中国の国土と行政区分

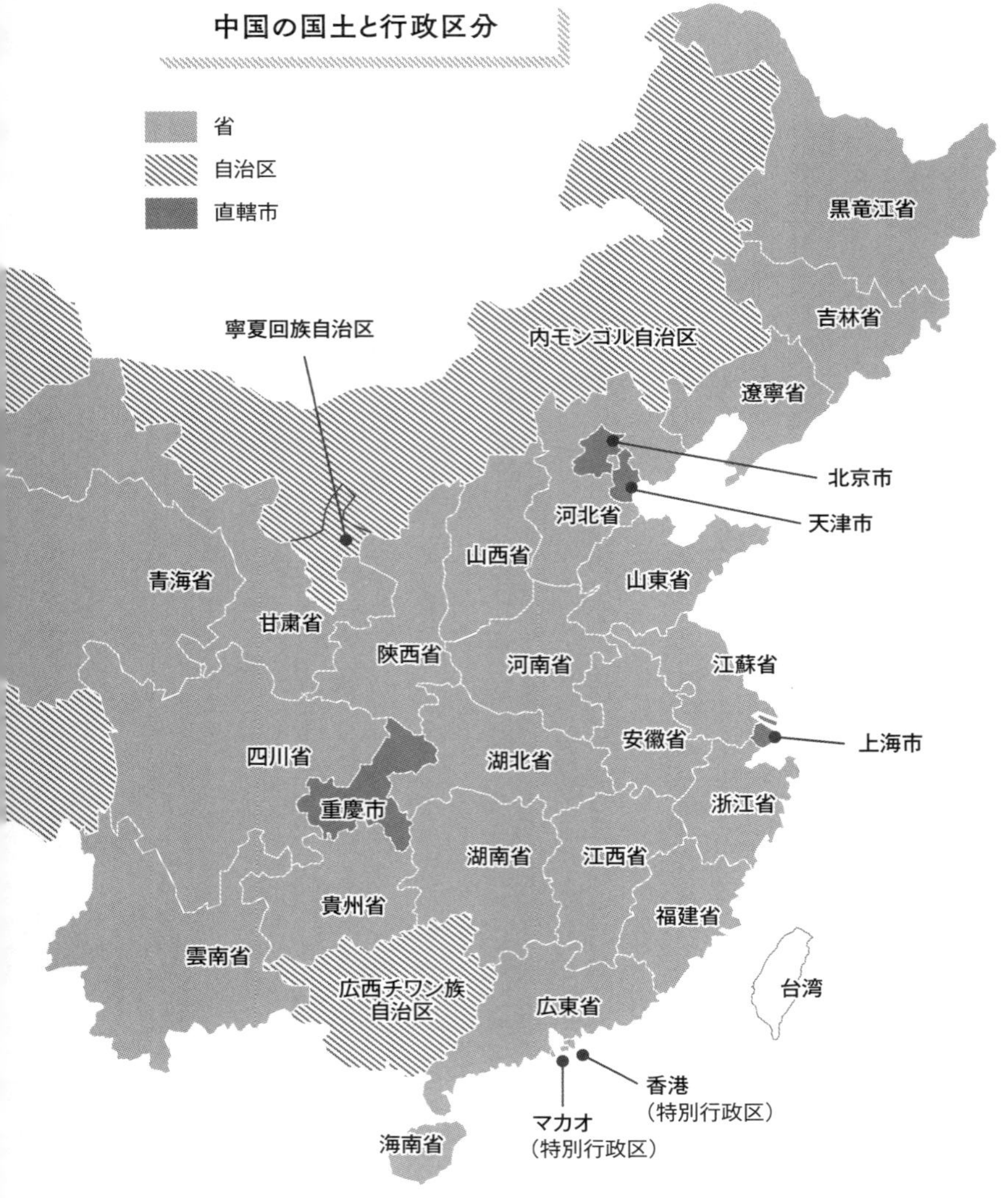
省
自治区
直轄市
黒竜江省
吉林省
遼寧省
内モンゴル自治区
寧夏回族自治区
北京市
天津市
河北省
山西省
山東省
青海省
甘粛省
陝西省
河南省
江蘇省
上海市
安徽省
四川省
湖北省
重慶市
浙江省
湖南省
江西省
貴州省
福建省
雲南省
広西チワン族
自治区
広東省
台湾
香港
（特別行政区）
マカオ
（特別行政区）
海南省

## 基本データ

- 面積 ………… 約 960 万㎢（日本の約 26 倍）
- 人口 ………… 約 14 億人
- 首都 ………… 北京
- 民族 ………… 漢民族（総人口の約 92%）及び 55 の少数民族
- 公用語 ……… 中国語
- 宗教 ………… 仏教・イスラム教・キリスト教など
- 政体 ………… 人民民主専政
- 議会 ………… 全国人民代表大会
- 略史

1911 年　辛亥革命が起こる
1912 年　中華民国成立、清朝崩壊
1921 年　中国共産党創立
1949 年 10 月 1 日　中華人民共和国成立

（外務省 HP のデータより）

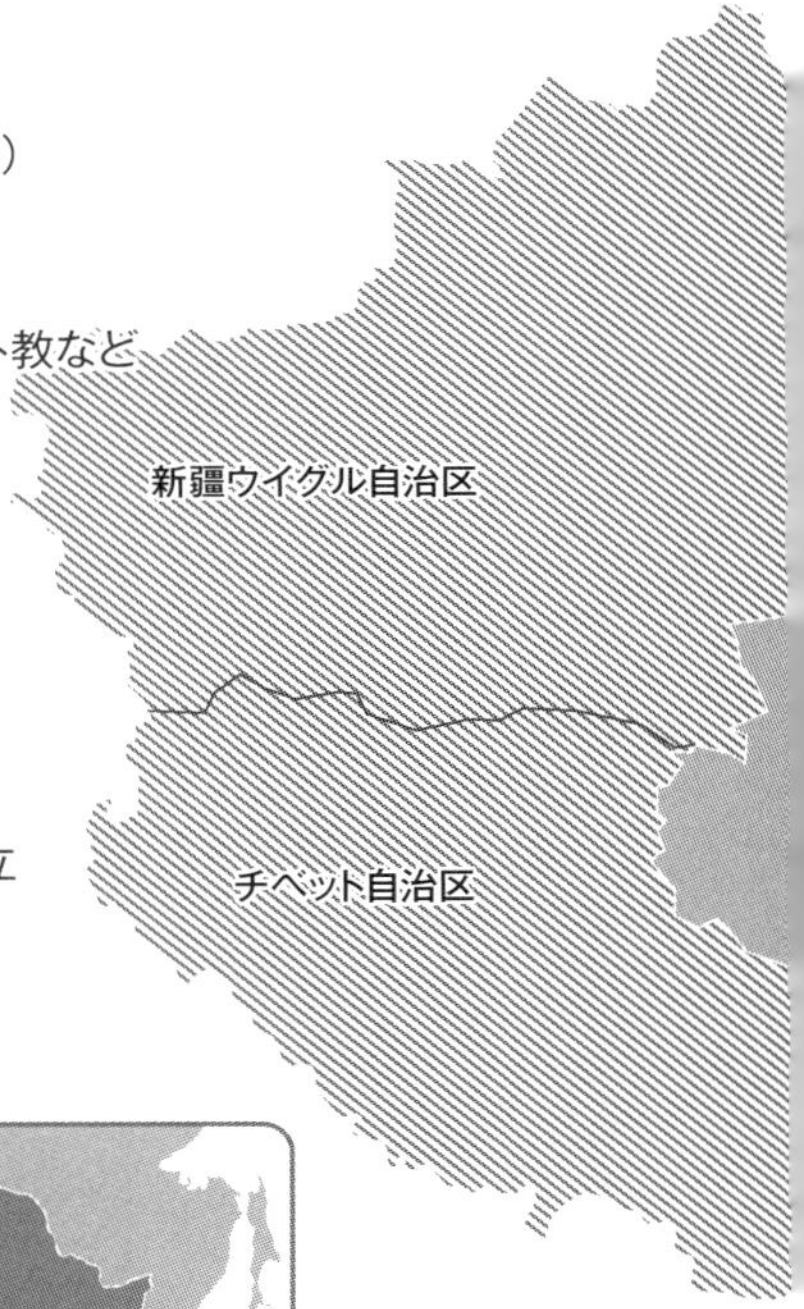


## 中国の周辺国

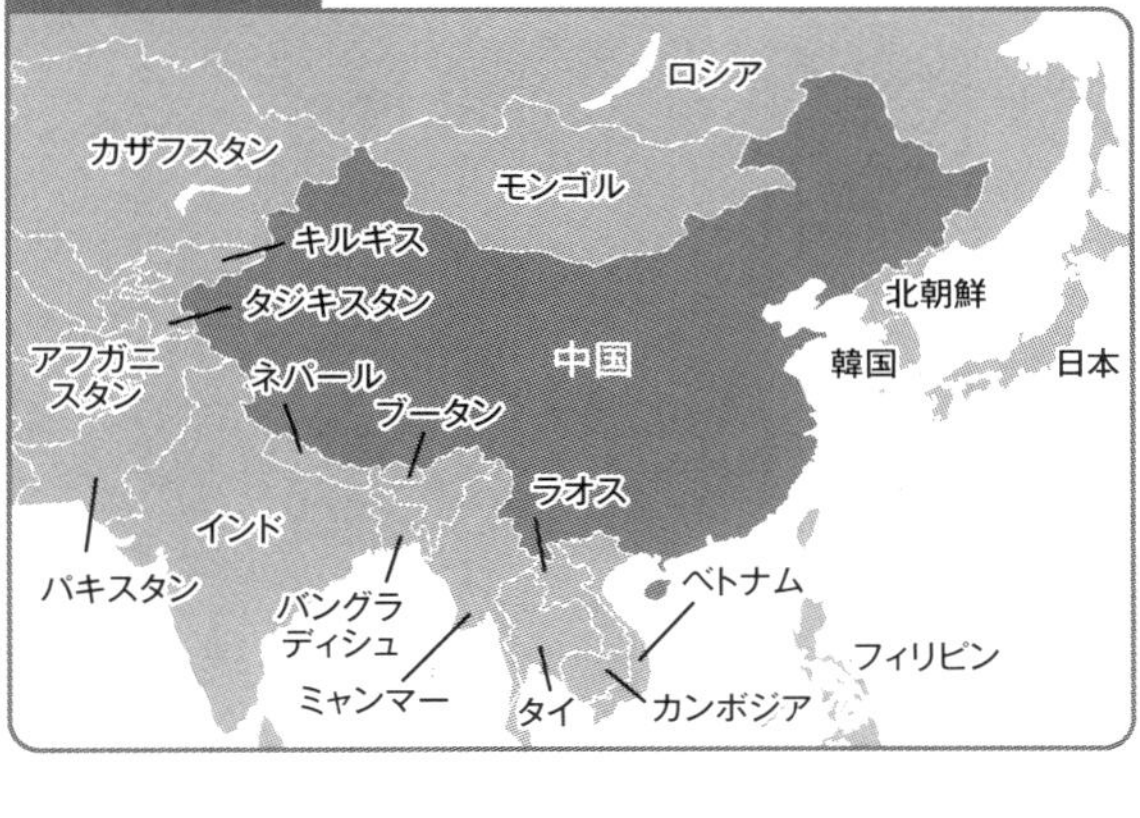

# 毛沢東・鄧小平・江沢民・胡錦濤・習近平の時代

一般に「中国四千年」といわれますが、その膨大な歴史について1冊の本でお話しすることなどできません。そこで、中華人民共和国になってからの中国について、その時代のトップとともにご紹介しておきましょう。

## ①毛沢東《もうたくとう》の時代（1949〜1976年）

中華人民共和国は、１９４９年10月1日、毛沢東が北京の天安門広場で建国宣言をして生まれました。１９２１年に結党された中国共産党が内戦に勝利し、蒋介石《しょうかいせき》率いる国民党を台湾に押し込め建国。ソ連共産党の援助を受けていたため、中華人民共和国憲法はスターリン憲法を模範にし、一党独裁を強力に推し進めてきました。

毛沢東時代は、１９５０年に朝鮮戦争、１９６２年にインドとの国境紛争、１９６９年にはソ連との国境紛争が勃発するなど外国との衝突もあり、国内では

1959年にチベット蜂起（反中国・反共産党主義の民衆運動）を鎮圧しました。また、これに先立つ1958年に、農作物と鉄鋼製品の増産を目指す「大躍進」政策を実行しました。しかし、これが大失敗。結果的に農業生産は落ち込み、鉄鋼では粗悪品ばかりが生産され、中国国内は大飢饉に見舞われます。

大躍進政策の失敗で国家主席を辞任し、一度は実質的な権力を手放した毛沢東ですが、権力を奪い返すため、今度は1966年に「プロレタリア文化大革命（文革）」を発動。紅衛兵《こうえいへい》（学生たちの組織）が呼応して、毛沢東の政敵や反革命派、宗教家を徹底的に弾圧しました。さらに内モンゴル自治区の先住民族を粛清し、内乱状態になります。

このようにして中国が経済的にどんどん貧しくなり、後進国への道を進む中、毛沢東は1972年のリチャード・ニクソン大統領訪中を機に、資本主義のアメリカと国交正常化に向け共同宣言を発表。同年、日本の総理大臣・田中角栄とは日中国交正常化を実現させます。西側諸国と接近することに活路を見出そうと努めたのです。

１９７６年の毛沢東の死後は、後継者として華国鋒《かこくほう》が中国の最高指導者となりましたが、政権は短命に終わり、１９７８年には鄧小平が実権を握りました。

## ②鄧小平《とうしょうへい》の時代（１９７８～１９９７年　※党軍事委員会主席の辞任は１９８９年）

共産党一党独裁を守りながらも市場経済、つまり資本主義を取り入れて、中国の近代化を促進しました。一方、毛沢東時代の１９６９年から続くソ連との対立もあり、１９７９年には、ソ連が支援するベトナムに侵攻して、中越戦争を起こしました。その後のソ連のアフガニスタン侵攻もあり、１９８０年に開催されたモスクワ・オリンピックをボイコット。１９８４年にアメリカで開催されたロサンゼルス・オリンピックには参加しています。

西側諸国との融和をはかり、資本主義的政策を積極的に取り入れたために経済成長は驚異的に加速しましたが、貧富の差は広がります。鄧小平は徹底した現実主義者であり、「可能な者は、先に豊かになれ（先富起来）」という彼の言葉は、社会主義下でも経済格差があってもいいという意味になります。

また、「黒い猫でも白い猫でもネズミをとる猫はいい猫だ」という言葉も残しており、こちらもいい政策であれば、社会主義的であろうが資本主義的であろうが関係ないと解釈されています。

毛沢東時代にふくらみ過ぎた人口を減らすために、1979年、原則として1組の夫婦に対して子どもは1人とする計画生育政策「一人っ子政策」を実施。習近平時代の2014年まで続きました。1988年にはベトナムと領有権を争った南沙諸島海戦でジョンソン南礁を制圧しました。

鄧小平は、1989年の終わりに、軍のトップの座を江沢民に譲り引退しますが、その後も大きな権力を持ち続け、一介の共産党員でありながら、亡くなるまで最高実力者といわれ続けます。

### ③江沢民《こうたくみん》の時代（1989～2002年）

1989年4月、学生たちが民主化を求めて天安門広場に集まり始めます。6月4日未明、座り込んでいた学生や市民に、人民解放軍の兵士や戦車などが無差別に発砲。多数の犠牲者が出ました。この天安門事件の直後、鄧小平に抜擢されて、党と政府、やがては軍も含めた全権を委譲されたのが、江沢民です。アメリカをはじめとする西側諸国は、天安門事件を国家による言論の弾圧であり、一般市民に対し軍事力を用いた暴力的な行為であったとして、経済制裁を行っています。その後も貧富の差はさらに広がり、官僚の腐敗や汚職も多発。江は鄧が元気なうちは、なかなか大きな権力をふるえませんでしたが、鄧が亡くなった1997年には、本当の意味で最高権力者となります。改革開放政策による中国の経済発展に最も大きな貢献をしたのは、もちろん鄧小平ですが、その鄧の路線を継承して、いわば中国経済をテイクオフさせたのは、江沢民の功績です。

1997年7月1日にはイギリスから香港が、1999年にはポルトガルからマカオが中国に返還されました。また、2001年にはWTOに加盟します。

鄧小平は中華人民共和国を建国した元勲の1人であり、存在そのものに権威がありましたが、そのような権威を持たない江沢民は、権力基盤が弱く、自身の権威を高めるために愛国主義教育を徹底しました。中国独立を勝ち取った共産党が偉大であり、中国を侵略してきた日本が悪者だという教育を子どもたちに押しつけたため、日本では、これを反日教育と呼ぶ人もいます。

そのせいもあって2001年以降、当時の小泉純一郎総理による靖国神社参拝、排他的経済水域の日中の認識の違いによる東シナ海ガス田開発問題、中国当局による脅迫の疑いで在上海総領事館勤務の職員が自死した事件などが起こり、日中関係は悪化の一途をたどります。

## ④胡錦濤《こきんとう》の時代（2002〜2012年）

2008年に北京オリンピック開催、2010年には上海国際博覧会が開催されました。同年、尖閣諸島沖では中国国籍の漁船が海上保安庁の巡視船に衝突し、日本側は漁船の船長を逮捕。勾留を延長したことによって中国国内の反日感情が高まり、中国の各地で反日デモが起こります。都市部を中心にデモは続き、日本企業や日本レストランは破壊され、略奪されました。

2011年3月に東日本大震災が発生すると中国政府は、3000万元（約

3億7500万円）相当の物資援助を決めました。また、福島第一原発の事故で原子炉に注水するため、アームの長さが62メートルというポンプ車を日本に無償で寄付する中国企業も現れ、中国政府からも国際救助隊が送られるなど、一定の友好的な動きも見せましたが、こうしたムードを一変させたのが、2012年9月、野田佳彦政権で行われた尖閣諸島の国有化です。

国有化が発表されると、中国各地で反日デモが吹き荒れました。このことは後章で詳しく触れます。胡錦濤は、日中友好重視のリーダーでしたが、経済力をつけてきていた中国国民は、むしろ何か暴れる口実を探していた……そこに尖閣諸島の国有化が、「反日」という絶好の油を与えたことになります。

## ⑤ 習近平《しゅうきんぺい》の時代（2012年〜）

鄧小平時代に、「韜光養晦《とうこうようかい》」（弱いふりをして力をたくわえよ）を旨としていた中国外交は、習近平によって〝戦狼外交〟という攻撃的な外交政策に舵を切ります。軍備を大幅に増強、2012年9月、日本政府が尖閣諸島を国有化してからは、周辺海域への中国公船の侵入が常態化。アメリカとの対立も深刻化し〝新冷戦〟といわれるようになります。中国国内では、汚職幹部の取り締まりや政敵の粛清と同時に、中国全土に2億台ともいわれる監視カメラを設置し、統制を強めています。

２０１９年、湖北省武漢市で新型コロナウイルスが確認されると、当時のアメリカ大統領・ドナルド・トランプは〝チャイナ・ウイルス〟と批判。米中の溝がさらに深まりました。また、コロナ禍には上海市でロックダウンを実施したため、市民に不満が溜まり経済が停滞。それでも、２０２２年に習近平は、異例となる3期目の中国共産党総書記を続投、長期政権を築きます。

２０２４年には、広東省珠海市で35人、江蘇省無錫市で8人の中国人が殺害される無差別殺傷事件が起きました。１９９０年代の中国は、飛行機が墜落しても情報を隠すといわれていましたが、今はＳＮＳの発達により、情報を覆い隠すことができない状況ともなっています。

一方、本書を執筆中の２０２４年11月現在の国際関係では、アメリカでトランプ政権が再び誕生することで、米中関係にも暗雲が立ち込めているといわれています。

しかし、中国国内からは、トランプ次期大統領がビジネスマンであることから、厳しくとも交渉さえすれば、米中関係は落ち着いていくだろうという楽観論も聞かれます。トランプ側近の実業家・イーロン・マスクは、中国で巨大なビジネスを展開しており、彼を通じてトランプ政権に影響力を行使したいという思惑もあります。私の取材する限り、中国国内から聞こえてくる米中関係に関する声はそれほど厳しいものはなく、なるようにしかならないといった考え方です。

ざっくりとですが、これが現代中国のあゆみです。

中華人民共和国は、毛沢東を初代のリーダーとして建国されています。しかし、その後の中国は、毛沢東の独裁体制によって、多くの人が飢えや迫害に苦しみ、数千万人が死に追いやられました。今でも、毛沢東への評価には賛否両方があります。

文革のときに毛沢東は、都市部の青年たちや右傾化した政府・党の幹部、知識人らを半ば強制的に農村部や工場などへ移住・派遣させました。これを「下放《かほう》」といいます。自分自身や身内が下放され、農作業や労働を強いられたり、教育を受ける権利を奪われたりした中国人は今もまだ生きていて、そのことを大変恨んでいます。

お土産として北京で売られる毛沢東のお守り。

生前の毛沢東は絶対的な権力者であったため、毛沢東やその政策を批判するのは命がけです。ほとんどの人は恨みを口にすることもなく耐えていたし、無念の思いを抱いたまま亡くなった人もいたはずです。一方で、いまだに毛沢東を英雄視する人も多くいます。日中戦争や国共内戦での不敗神話があるからです。中国でタクシーを利用すると、車内に毛沢東の写真を飾っているドライバーに出会います。お守り代わりにしているのです。

毛沢東を評する中国人の言葉です。

「彼は、1956年に亡くなっていれば、英雄だった。1966年に死んだとしても十分に英雄だっただろう。しかし彼が死んだのは、1976年だった。私たちは何とも言えない……」

建国直後に亡くなっていれば英雄だったが、結局毛沢東が亡くなったのは、大量の犠牲を出した後の、1976年だったというため息が中国人からも聞こえてきました。彼の評価は建国後に大きく下がったといっていいでしょう。

## 中国のトップの系譜と略歴

### 毛沢東
**1893～1976**

湖南省の農村出身。1921年の共産党創設に参加。農民解放に携わる。1937年、日中戦争勃発により国共合作に踏みきり、日本軍との戦いを主導し、戦勝。その後国民党との内戦にも勝利した。1949年、中華人民共和国を建国。死ぬまで共産党トップを務めた。

### 毛沢東の時代　1949～1976

| 年 | 出来事 |
|---|---|
| 1949 | 北京の天安門広場で「中華人民共和国」の建国宣言 |
| 1950 | 朝鮮戦争勃発 |
| 1954 | 中華人民共和国憲法成立 |
| 1956 | 知識人らに自由な発言を求める「百花斉放・百家争鳴」運動 |
| 1958 | 大躍進政策を実施、人民公社の建設を進める |
| 1959 | チベット蜂起（反中国・反共産党主義の民衆運動）を鎮圧 |
| 1961 | 大躍進政策停止、経済調整政策へ |
| 1962 | インドとの国境紛争が起きる |
| 1966 | プロレタリア文化大革命（文革）はじまる |
| 1968 | 下放運動開始 |
| 1969 | ソ連との国境紛争が起きる |
| 1971 | 中華人民共和国の国連代表権承認 |
| 1972 | ニクソン大統領訪中、米中共同宣言を発表 |
| | 日本との国交を正常化 |
| 1976 | 毛沢東死去。文革終了の契機となる |

**そのほかの要人**

**国務院総理**
**周恩来** 1949～76（1949.9～54.9は政務院総理）

**党軍事委員会主席**
**毛沢東** 1949～76

**国家主席**
**毛沢東** 1949～59（～54.9は政府主席）
**劉少奇** 1959～68

## 江沢民
## 1926～2022

江蘇省生まれ。1987年に上海市トップに。1989年の天安門事件直後に、党総書記に就任。同年、軍のトップに、93年には国家主席になる。中国経済を発展させたが、愛国主義教育も推進し、反日感情を高めたともされる。

写真：共同

## 鄧小平
## 1904～1997

四川省生まれ。1949年の建国時、すでに国家指導者の地位にあった。文革で失脚しその後復活。毛沢東の死後、改革開放政策により経済的繁栄の礎を築く。1989年の天安門事件で軍を発動、一般市民の命を多数奪った。

**江沢民の時代 1989～2002**　**鄧小平の時代 1978～1997**

1978 華国鋒が中国の最高指導者となるが、政権は短命に終わる
鄧小平が改革開放政策を実施、最高実力者となる

1979 正式に米中国交正常化
ベトナムに侵攻、中越戦争勃発

1979 一人っ子政策がスタート（2016年に廃止）
習近平が清華大学卒業、中央軍事委員会秘書長・耿飈氏の秘書に

1980 ソ連で開催されたモスクワ・オリンピックをボイコット

1984 アメリカで開催されたロサンゼルス・オリンピックに参加

1988 ベトナムと争った南沙諸島海戦でジョンソン南礁を制圧

1989 天安門事件で武力鎮圧
江沢民が総書記、党軍事委員会主席となる

1992 鄧小平が南巡講話を行う

1997 鄧小平死去
イギリスから香港が返還

1999 ポルトガルからマカオが返還

**朱鎔基** 1998～2003　**李鵬** 1988～98　**趙紫陽** 1980～88　**華国鋒** 1976～80

**江沢民** 1989～2004　**鄧小平** 1981～89　**華国鋒** 1976～80

**江沢民** 1993～2003　**楊尚昆** 1988～93　**李先念** 1983～88

## 胡錦濤
**1942～**

江蘇省生まれ。理系の名門・清華大学卒業。共産主義青年団のトップとして、鄧小平に見出され、その後、貴州省、チベット自治区のトップを歴任。若手抜擢という党の方針に従い、2002年に党総書記、翌年国家主席となる。万事控えめな性格であり、改革開放を継承しながら、調和の取れた社会を目指した。

写真：CNS・サン＝共同

### 胡錦濤の時代　2002～2012

| | |
|---|---|
| 2001 | WTOに正式加盟 |
| 2002 | 胡錦濤が総書記となる |
| 2004 | 尖閣近海でガス田の採掘に着手<br>胡錦濤が党軍事委員会主席となる |
| 2007 | 習近平が上海市書紀に就任<br>習近平が江沢民の推薦により中央政治局常務委員会委員に |
| 2008 | チベット・ラサで大規模な暴動<br>北京オリンピック開催<br>中台間の全面的三通「海運・航空・郵便」始まる |
| 2009 | ウイグル族の大規模な抗議暴動起こる |
| 2010 | 上海万博開催、GDPで世界第2位に |
| 2011 | 中国共産党創立90周年祝賀大会が開かれる |
| 2012 | 習近平が総書記・党軍事委員会主席となる<br>「虎もハエも同時に叩く」反腐敗運動開始 |
| 2013 | 習近平が国家主席に。「中華民族の偉大なる復興」「中国の夢」を発表 |

**温家宝**2003～13　**李克強**2013～2023

**胡錦濤**2004～12　**習近平**2012～

**胡錦濤**2003～13　**習近平**2013～

## 習近平
**1953～**

写真：首相官邸HP

北京生まれ。清華大学卒業。父は革命の元勲である習仲勲。妻は、人民解放軍の国民的歌手・彭麗媛。1985年から17年間、福建省で勤務。対岸にある台湾との統一に意欲を燃やす。その後、浙江省、上海市のトップを経て、2008年に国家副主席。2012年に、党総書記、翌年国家主席に就任。国内では、反腐敗を掲げて、幹部を次々に摘発、「中国の夢」を掲げる。対外的には強硬姿勢をとる。

## 習近平の時代　2012～

| | |
|---|---|
| 2014 | 「一帯一路」戦略を提唱 |
| | 香港で反政府デモ「雨傘運動」が起きる |
| 2017 | 共産党の規約に「習近平思想」が盛り込まれる |
| 2018 | 貿易不均衡を是正せず、アメリカから制裁関税が課される |
| | 憲法改正、2期10年とされていた国家主席の任期を撤廃 |
| 2019 | 湖北省武漢市で新型コロナウイルスが確認される |
| 2020 | 香港国家安全維持法を施行 |
| 2021 | 61年ぶりの人口減少 |
| | 中国共産党の創立100周年式典開催 |
| 2022 | 北京冬季オリンピックが開催 |
| | ゼロコロナ政策で上海をロックダウン |
| | 台湾周辺で軍事演習を実施 |
| | 習近平、総書記として3期目に突入 |
| | 江沢民死去 |
| 2023 | デフレの兆しが強まる |
| 2024 | 無差別殺傷事件が相次ぐ |

**李強** 2023～

知って
おくべき！

# 中国で一番偉い人物は？

「鉄砲から政権が生まれる」

これは毛沢東の言葉です。

この言葉は、中国において、軍のトップが政治のトップであることを示しています。

日本の場合、政治の最高責任者は内閣総理大臣で、多くの場合、そのときの与党のトップが務めることになります。２０２４年11月の時点での与党は、自民党と公明党で少数与党ですが、自民党の石破茂総裁が総理を務めているわけです。

しかし、中国の場合は、一体どの役職が国のトップとして一番の実権を握っているのかよくわからないかもしれません。国のトップに相当する役職がいくつもあります。現在の中国のトップ・習近平は、中国共産党中央委員会総書記、中国共産党中央軍事委員会主席、中華人民共和国中央軍事委員会主席、中華人民共和国国家主席を兼ねています。

この中で、どれが最も重要な役職か、おわかりでしょうか？　国のトップであるかのような名称である中華人民共和国国家主席だと考えがちです。

しかし、中国の憲法序章には「国家は中国共産党の指導を仰ぐ」と明示されています。つまり、国よりも党が偉いわけですから、共産党内で決めたことに、国は従わなくてはいけません。党のトップである中国共産党中央委員会総書記と軍のトップである中国共産党中央軍事委員会主席が特に重要な役職となります。

毛沢東が「鉄砲から政権が生まれる」と言ったのは、国よりも党が上に位置しており、その党の権力を支えるのは軍事力であることを示しています。大躍進政策に失敗し、文革で国内をめちゃくちゃにしてもなお、当時の中国共産党のトップである中国共産党中央委員会主席と中国共産党中央軍事委員会主席の役職を、最期まで手放さなかったのはこうした理由があるからです。

国のトップよりも中国共産党のトップのほうが上位とされる中国は、一党独裁の国家だと思われています。確かに、実質的には中国共産党の一党独裁であることは間違いではありません。ただし、実は中国共産党のほかにも、中国には8つの政党が存在しています。

中国国民党革命委員会、中国民主同盟、中国民主建国会、中国民主促進会、中国農工民主党、中国致公党、九三学社、台湾民主自治同盟です。これら8つの政党は民主党派といわれています。

ただし、中国共産党と民主党派は、今の日本の自民党と立憲民主党、国民民主党、共産党などの政党のような、与党と野党の関係とはまったく違っています。8つの民主党派は、あくまでも中国共産党を支える〝衛星政党〟です。いずれかの党が、中国共産党に替わって政権をとることはありません。

中華人民共和国の国旗を思い出してください。五星紅旗《ごせいこうき》といわれ、赤地に黄色で5つの星が描かれています。あの一番大きな星は中国共産党を意味し、小さな4つの星が表すのは、労働者、農民、知識人、愛国的資本家です。中国共産党をみんなで支えるという意味が国旗にも込められています。

## 習近平の肩書

次に、習近平が務める主な役職について、簡単に整理しておきましょう。

**○中国共産党中央委員会総書記（党総書記）**

中国共産党のトップ。党中央政治局会議や党中央政治局常務委員会会議などを招集し、党中央書記処の事務活動を主宰します。

**○中国共産党中央軍事委員会主席（党軍事委員会主席）**

中国共産党の最高軍事指導機関のトップ。人民解放軍の最高司令官です。軍の影響力が強い中国では、日本の自衛官のトップ・統合幕僚長よりもはるかに強い権限を持ちます。たとえるならば、総理大臣と防衛大臣をあわせたようなものです。中国では、師団クラスの軍隊を動かすにも軍事委員会の承認が必要といわれています。

**○中華人民共和国中央軍事委員会主席（国家軍事委員会主席）**

中華人民共和国という「国」の最高軍事指導機関のトップです。おおむね、中国共産党中央軍事委員会主席を兼務しています。

**○中華人民共和国国家主席（国家主席）**

中華人民共和国のトップですが、実は実質的な権限はほとんどなく、儀礼的・象徴的な意味合いが強い名誉職です。

習近平は一人でこれだけの職務を担っています。そして、用途に応じて、あるいは対する外国や、相手の役職によって使い分けています。

日本に当てはめると、天皇、総理大臣、防衛大臣、自民党総裁などを兼務していると考えてください。

# 一党独裁を超える一人独裁

では、現在の中国の最高権力者・習近平とは一体どんな存在なのでしょう。

「中国式の現代化によって、中華民族の偉大な復興を全面的に推進する」

2022年10月に開かれた第20回中国共産党全国代表大会（党大会）で、このように習近平は明言しました。また、「習近平の新時代の中国の特色ある社会主義思想（＝習近平思想）」という言葉が、2017年の第19回党大会に引き続き、党規約に盛り込まれています。これには中国独特の意味があるので、少し説明が必要でしょう。

「中国式の現代化」を強調することは、中国の発展は、欧米のこれまでの発展方法とは違うものであり、独自のものであるという強い主張があります。また、「習近平の…思想」という言い方ですが、中国共産党ではこれまで、「マルクス・レーニン主義、毛沢東思想、鄧小平理論」という呼び名をずっとしてきました。偉さの順番を「主義＞思想＞理論」と表しているわけです。その中で、「習近平思想」という言葉を盛り込むことは、習近平が、すでに鄧小平より偉くなり、毛沢東と同等だという意味を示しているのです。

中国の共産党大会（中国共産党全国代表大会）は、実質的な中国の最高指導機関です。基本的には5年に1度、約1週間にわたって党大会を開催。全国で約1億人いる共産党員の代表およそ2000人が北京に集まって会議を開き、党人事、重要案件の討論と決議などを行います。2022年に開かれた第20回党大会では、習総書記が全会一致で三選され、最高指導部となる7人の中央政治局常務委員が選出されました。〝チャイナ・セブン〟といわれているこの7人は、すべて習総書記と昵《じっ》懇《こん》。反対意見を言うメンバーはいません。

中国共産党は建前上一枚岩とされているものの、日本の自民党のように、実際には派閥があります。江沢民派、胡錦濤派、太子党などです。江沢民派は、上海派閥とも呼ばれ、経済発展先進地域である上海を地盤とする勢力です。胡錦濤派は、中国共産党内の共産主義青年団出身者の派閥で、青年団の「団」の字をとって、団派

## 中国共産党の構造と序列

総書記は中央委員会総会で中央政治局常務委員の中から選出する。上部組織委員は1級下の組織から選ばれているが、その規定は公開されていない。

党大会が開かれるごとに選出され、大会の期数により「第○期中央委員会」と呼ばれる。任期は5年で、欠員が生じると候補委員から得票順に昇格する。

1921年の結党時には、50余人であった党員数は現在まで増え続けている。共産党員であることは、中国ではエリートの条件ともされるため入党希望者は多く、入党には厳しい審査がある。

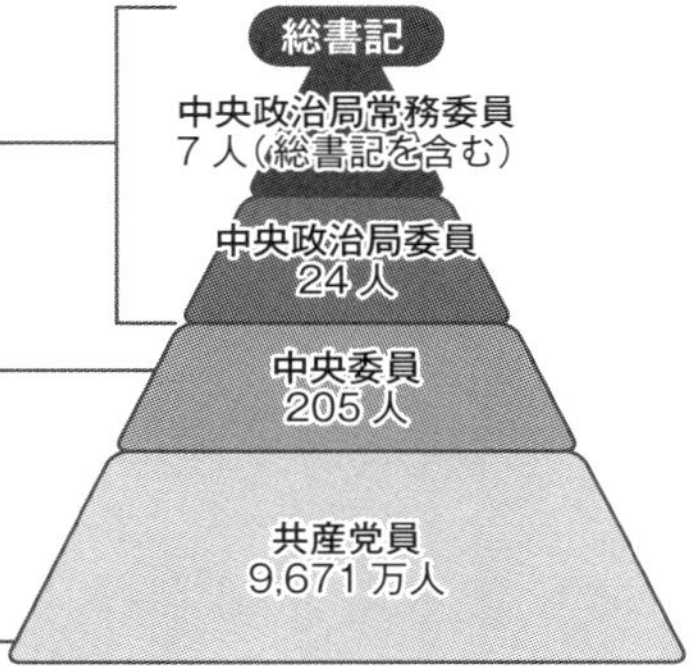


第20回中国共産党全国代表大会で選出（2022年）
『中国年鑑2024』のデータを基に作成

## 党大会と全人代

### 中国共産党全国代表大会（党大会）

■ 開催 …… 5年ごと
■ 職権 …… 重要問題の討議・決定、党規約の改正、中央委員会・中央規律検査委員会

中国共産党の規約では、「党の根本的組織原則は民主集中制であり、党員は組織に、少数は多数に、下級組織は上級組織に、全ての党組織と党員は党大会と中央委員会に従う」ことが規定されている。

### 全国人民代表大会（全人代）

■ 開催 …… 毎年3月頃
■ 職権 …… 憲法改正・実施監督、刑事・民事・国家機構などの基本的な法律制定・改正、国家主席・副主席・国家中央軍委主席等の選挙・罷免、経済計画・予算案の審議・承認、省・自治区・直轄市・特別行政区の設置、戦争と平和の問題の決定　など

代表は選挙によって選ばれ、任期は5年。毎年開かれる全人代は「第○期先人代第○回会議」と呼ばれ最高権力機関とされるが、実際には政府である共産党の提案を否定したことはない。

と呼ばれます。太子党は、中華人民共和国成立時の建国の功臣たちの子どもや孫が形成するゆるやかなつながりです。「太子」は王子のことで、日本ならさしずめ世襲政治家グループということでしょう。

2022年以前はこれらの派閥がバランスよく、党内の最高指導部に人事配置されていました。自民党の旧安倍派、麻生派（志公会）、茂木派（平成研究会）、二階派（志師会）などからバランスよく大臣や党幹部を選ぶのと同じです。

ところが、習近平は3期目にして、指導部を自分の息のかかった人材一色にしてしまいました。習総書記の意見に異を唱える存在はいません。事実上、中国は一党独裁を超え、習近平による〝一人独裁〟の体制になったといわれています。

## 習近平とはどのような人物なのか

では、習近平という人がなぜこれほどまでの権力を持つに至ったのでしょうか？彼は一体どんな人物なのでしょうか？

習近平は、1953年6月15日、北京で生まれています。北京の旧称は「北平」、その北「平」の近くで生まれたので、近平と名付けられたといいます。性格はクール。非情といってもいいかもしれません。

習近平は2012年の第18回党大会で最高指導者の総書記に就任しましたが、前任の胡錦濤は、本当は習近平を総書記にさせたくありませんでした。

中国には「中国共産主義青年団（共青団）」という若手エリートを擁する教育機関があります。1920年に秘密結社として発足した「社会主義青年団」から1925年に改称した共青団は、中国共産党の基盤をつくるために選び抜かれた14歳から28歳までの秀才が、中国特有の社会主義や共産主義を徹底的に叩き込まれる組織です。高校や大学で優秀な人間がいると、勧誘しエリートとして育てるわけです。

その共青団出身である胡錦濤は、同じ団派の後輩であり自らが後継者として育てた李克強《りこくきょう》を推していました。胡錦濤時代に胡の盟友だった国務院総理の温家宝《おんかほう》も李を推していました。

ところが、対立する江沢民派が習近平を総書記にしろと言ってきた。

江沢民派が李克強に反対なのは当然です。胡錦濤が総書記を務めていた10年、江沢民派はずっと非主流派として苦汁を飲まされ、我慢していたわけです。

10年も我慢してきたのにまた胡錦濤の子分がトップとは……。そんなことは許せません。だから、江沢民は自分の派閥から総書記を出したかった。かといって自分の派閥から後継者を出せば、胡錦濤一派が拒否するのは火を見るより明らか。そこで江沢民が切った人事のカードが習近平でした。つまり、習近平は、江派と胡派の妥協から生まれ、棚ぼた式に総書記の座に就いたわけです。

この時点で、習近平がまさか大鉈を振るうとは、江沢民は考えていなかったでしょう。自分のおかげで習近平はトップになれたのですから、江沢民は習近平を意のままに操ろうとしていたかもしれません。感謝されることはあっても、裏切られるわけがない、……はずでした。

一方の胡錦濤も自らの派閥である団派の力をバックに影響力を保ち、習近平をコントロールできると考えていました。ところが総書記になり実権を握った習近平は、前任者だった胡錦濤一派はもちろんのこと、恩人であったはずの江沢民一派も、容赦なく粛清していきました。やられたほうはびっくりしたでしょう。

胡錦濤はよりによって、習近平に気前よく実権を明け渡していました。２０１２年に党総書記、党軍事委員会主席、２０１３年に国家主席という最重要な３つの役職すべてを習近平に譲り渡したのです。

というのも、これより10年前、自らが共産党総書記に就任した２００２年、前任者の江沢民は、党軍事委員会主席の役職をすぐには胡錦濤に明け渡しませんでした。前述したように、共産党トップは軍事のトップを兼ねてこそ権力をふるえるのに、それができず、胡は不自由を感じていました。部下たち、特に軍部が自分の言うことを聞かないのです。

また、改革開放により、経済が急成長する中、西側の文化が中国に入り込み、中国共産党の威信は低下しつつありました。もう一度、共産党の支配を確立するためには、強いトップが必要だ…そう考えた胡錦濤は、習近平にすべての権限を委譲することを決断したのです。ところが、胡錦濤の思惑通りにはなりませんでした。非情な習近平は胡をその一派である団派ごとバッサリと切ってしまいます。

## 君は舟、庶人は水

正直に当時の私の中国分析を言っておきます。習近平がトップとなった後、胡錦濤は習近平に対してもっとタフに抵抗して権力を維持すると考えていましたし、当時私は、出演するラジオなどでもそう発言していました。

というのも、胡錦濤は共青団出身であり、彼らはまず弁が立ちます。ディベートで勝つことを徹底的に叩き込まれているからです。そして仲間意識が強く、中国共産党の中でも強いネットワークをつくりあげています。

また、青年団出身者は、それだけで重宝されます。出世するのも早く、30代位で局長クラス、その後も日本でいう審議会や次官、自治体のトップ級になるまでのスピードも早いです。それはなぜかというと、文革の時期には高校や大学レベルの教育を受けられなかった人が多く、彼らには国の舵取りは任せられなかった。そのため、代わりとなるいい人材を早く育成するために、共青団で促成栽培の幹部養成が行われたのです。

ところが、胡錦濤は習近平に排除されてしまいました。なぜなのか――。

中国人に話を聞くと、共青団は、私が考えていたほどタフではありませんでした。共青団出身者は、それだけで重用され、若いうちに肩書を与えられて権力を握るため、精神的に鍛えられていない人が多いらしいのです。胡錦濤も、中国国内では強いとは思われていませんでした。一方、習近平は苦労人です。共青団出身者なんかよりもよほどタフなハートの持ち主です。

中央が習仲勲。紅衛兵に引き回され糾弾された。

習近平の父親は、習仲勲《しゅうちゅうくん》。彼は、国務院副総理にまで昇り、毛沢東からも高い評価を受けていましたが、１９６２年に毛沢東に対して反逆を計画しているとして失脚。16年間の軟禁、投獄、監視生活が続きました。文革が始まると、紅衛兵《こうえいへい》（Ｐ１４３）たちによる吊し上げにあい、大衆の面前での激しい罵倒や暴力、侮辱を受けています。

その後、鄧小平が改革開放政策を始めた１９７８年には政治復帰し、広東省に赴任。深圳《しんせん》など経済特区の開発に貢献しました。深圳は、香港に隣接する中国で最初の経済特区で、積極的に外資を導入しました。中国の経済発展は、まさに深圳から始まったといっても過言ではなく、習仲勲は大功労者ということになります。

しかし、改革開放政策が行き過ぎだとして、当時の中国共産党トップ・胡耀邦《こようほう》が失脚させられる際、習仲勲は彼を擁護したため、時の最高実力者・鄧小平の怒りを買い党の中央政治局員の座を追われます。政治局員は、中国共産党のトップおよそ20名からなる組織。つまり、党の中でも大幹部です。

そして、中国の議会に当たる全国人民代表大会の副委員長となった習仲勲は、今度は「異なる意見に対し〝反対派〟のレッテルを貼って打倒したりせず、異なる意見を保護し、異なる意見を重視しよう」と訴えました。

しかしその矢先の１９９０年10月、習仲勲は突然会議を欠席し、そのまま政界を去ってしまったのです。その前年６月に天安門事件が起きて、学生や市民を武力鎮圧してから間もない時期で、中国国内では締め付けが厳しくなっており、習仲勲の自由を重視する発言に怒った鄧小平によって失脚させられたとの研究もあります。

そんな浮き沈みの激しい父親の人生を間近で見てきた習近平は、精神的にタフになり、非情になりました。文革の時期に中学生だった習近平も、吊し上げや肉体的虐待を受けています。また、20代の前半までは、下放によって地方の農村で農業をしながら大変貧しい暮らしを送りました。そのような過酷な体験もあり、一度掴んだ役職や権力は、恩人を粛清してでも手放さない強い政治家になったわけです。

負の体験は政治家や経営者をタフにします。日本の安倍晋三元総理も、負の体験によってタフになった政治家でしょう。2007年、第一次安倍内閣は、安倍自身の潰瘍性大腸炎が悪化し崩壊します。激痛を伴う腹痛を抱えた状況で国のトップは務まりません。それで、泣く泣く政権を手放しました。

病気で政権を放棄し、それが2009年の政権交代につながったという負の体験は、2012年、民主党から政権を奪還した第二次安倍内閣以降のエネルギーの源泉となりました。

習近平も安倍晋三も、政治の中心から放逐された経験によって、逆に庶民感覚を身に付けたとも考えられます。

**君《きみ》は舟なり　庶人《しょにん》は水なり**
**水はよく舟を載せ　水はまた舟を覆す**

これは紀元前の戦国時代の思想家・荀子《じゅんし》の言葉です。

君は君子。国のトップを意味します。庶人は大衆を意味します。大衆は船である君子を水にのせることも転覆させることもできるという意味です。

民衆の心を知ることなしに国の政治はあり得ない。常に民のことを考えていなければ、いつひっくり返されるかわからない。トップの立場を追われるかもしれない。そういうことを意味しています。

父親の生涯を見て、自らも辺鄙な地方での暮らしをした習近平も、難病に襲われた安倍晋三も、この言葉の意味することが身に染みていたのでしょう。

## 表情が変わらない強み

習近平は無表情です。日本人がテレビを通して見ていると、何を考えているのかわかりません。それは、周りの人に心の中を見透かされないようにしているからです。すぐれた政治家が腹の中を見せないのは世界共通です。

私の知る日本の元総理大臣では、小渕恵三、小泉純一郎らは、表情から腹が読み取れませんでした。好きか好きでないかは別として、周囲に隙を見せない、優れた総理だったのでしょう。その一方で、表情からそのときの感情が見えたのは森喜朗です。今日はご機嫌だなあ、怒っているなあと、たいがいはわかりました。森氏は立派な体躯で、ちょっと強面でもあり、失言もあり、国民にはアンチが多い。でも、近所に住んでいたら、見た目と違って気のいいおじさんタイプなのかもしれません。

習近平には、力の源泉になっていると考えられるものがあります。それは、コンプレックスです。

習近平の最終学歴は清華大学卒業となっています。北京にある国立大学で、中国では理系大学の最高峰。文系トップの北京大学と双璧をなす名門です。

ただし、習近平のこの学歴にはいくつもの疑問符が付いています。まず、理系に強い大学でありながら、彼が卒業したのは人文社会科学院大学院課程で、法学博士の学位を得ていることです。文系なのに、北京大学を選ばなかった。学歴に関する第一の疑問です。習の入学については、コネによる推薦入学ではないかと疑う人たちもいます。また、法学博士号を取得していますが、博士論文は他人の代筆だったという報道もありました。彼が入学したのは1975年。末期とはいえまだ文革の最中で、中国ではまともな入試が行われていない時期でした。これは同世代の学生に共通することですが、大学に入るまでにそんなに勉強をしていないはずです。

現在の習近平が権力闘争に卓越した能力を持っていることには疑う余地はありませんが、政界には清華大学や北京大学へと正規の入試で入り学んだ本物の秀才がうようよいます。そんな中で、習近平は常に学歴コンプレックスに苛まれているわけです。その劣等感は逆に、彼のエネルギーの源泉となっているのです。

知って
おくべき!

# 中国はいじめられているのか?

将来いずれかのときに、アメリカと衝突する――。

習近平の頭の中は、そのことで占められています。一人独裁体制を築いたのは、ものすごく権力欲があるから。もちろん、国内で自分の地位を守るためでもあるでしょう。しかしそれだけの理由で、身の回りを腹心で固めたわけではありません。いつアメリカと対峙しても大丈夫なように、組織を強化しておくことを習近平は強く意識しているのです。

いざというときに共産主義国である中国がひとつになるには、トップが強い権力を持ち国民を牽引していかなくてはなりません。その覚悟の表れなのです。

中国は世界第2位のGDPを誇る大国です。にもかかわらず、今でもアメリカやヨーロッパ諸国にいじめられていると思っているふしがある。このことについて、

40年近く外交官を務め、その大半を中国との関係に費やしてきた前中国大使・垂秀《たるみひで》夫《お》は、中国はいまだにアヘン戦争の悪夢に苦しんでいるという意見を述べています。

――習氏を理解するうえで重要なのは、こうした強烈な被害者意識だと思います。アヘン戦争以降、西洋列強や日本によって半植民地化され、虐げられてきたという意識は、歴代の最高指導者と比べても強い。そして中国が餌食となったのは、力が無かったからだと考えている。だからこそ、力への信奉を極めて強く持っているのです。(『文藝春秋』2024年9月号・文藝春秋)

アヘン戦争は、1840年にイギリスと当時の清《しん》の間で起きた戦争です。
イギリス人は紅茶に親しむ習慣がありますが、実は寒い気候のせいでお茶を栽培できず、中国産の茶葉に頼っていました。さらに絹や陶磁器も清から輸入しています。その一方で、清がイギリスから輸入するものはほとんどありませんでした。それでは、イギリスは貿易赤字になってしまいます。そこで、当時イギリスの植民地だったインドで栽培した、ケシから採取したアヘンを中国に輸出しました。アヘンは麻薬です。それがどんどん中国に蔓延しました。依存性が強いために清の人たちは身体も心も蝕まれていきます。

　このままでは国が滅びてしまうと考え、清国政府は欽差《きんさ》大臣として林則徐《りんそくじょ》をアヘン輸入基地となっている広東省に派遣。林はアヘンを没収。燃やして、輸入規制をかけました。この行為に怒ったイギリスは清に戦争を仕掛け、近代兵器を持たない清は惨敗。南京条約を結ばされ、香港を割譲させられます。そんな経緯で香港は、１９９７年に返還されるまでイギリス領でした。

　中華人民共和国が誕生する１９４９年まで、欧米列強や日本は、中国をいじめ抜き、搾取し続けます。中国はこうしたトラウマからいまだに解き放たれず、ＧＤＰが世界２位になっても、列強にいじめられていると思っているのです。

　中国人は、もうこれ以上いじめられたくない。いじめられなくなるには、自分たちが強くならなくてはいけない。その思いが習近平にも受け継がれているのです。

## 中国も習近平もルサンチマン

「ルサンチマン」という言葉を耳にしたことはありますか？

弱者は、自分がかなわない強者に対して様々な感情を抱きます。怒り、恨み、憎しみ、非難、嫉妬……などです。そういった感情を覚えると、やがて「強者＝悪」「弱者＝善」という認識となります。そのような感情や価値観を内攻的に積もらせた状態をルサンチマンといいます。

中国も、今の最高指導者の習近平もその状態だと考えると、今の中国が理解できます。様々な状況のつじつまが合うのです。

ＧＤＰ世界第2位になってもなお、自分たちはアメリカやヨーロッパにいじめられていると思っている。アヘン戦争以来の諸外国が中国をいじめている状況は、今も変わっておらず、自分たちをいじめる諸外国は悪。いじめられている自分たちは善。中国、そして中国人がルサンチマンだと解釈すると、今の中国をかなり理解することができます。

紀元前から中国は大国でした。メソポタミア文明、エジプト文明、インダス文明と並び、中国文明は世界4大文明の1つで、繁栄を続けてきました。しかし、18世紀から19世紀にかけての産業革命で、世界の勢力図が変わってきた。それまで自分たちよりも下に見ていたヨーロッパの国々がどんどん繁栄していきました。

## 朱門《しゅもん》には酒肉臭《しゅにくくさ》れるに、路《みち》には凍死の骨有り

これは、李白《りはく》と並び中国史上最高の詩人、〝詩聖〟と称されている、杜甫《とほ》の代表詩の1つです。

「朱門」とは言葉の通り、朱色の門。お金持ちの家のことをいいます。豊かな家には腐って臭うほど酒も肉も余っているのに、外の路上では貧しくて凍死した人の骨が放置されている。

つまり、中国における格差社会をうたっている詩です。杜甫が生きていた8世紀

も、今も、中国には大きな貧富の差があります。

現在、東京の銀座を歩いても、京都や箱根の観光地を訪れても、中国人の旅行者がたくさんいます。円安でもあり、高額な買い物や食事を楽しんでいます。その姿を見ると、中国がとても豊かな国に思えます。

しかし、日本で豪遊する旅行者は、ほんのひと握りの金持ち中国人です。国内には、国から一歩も出られず、それどころか自分の住む村から一歩も出られない人がいくらでもいます。大多数の中国人は貧しく、食事も満足にとれていません。

中国の長い歴史を眺めても、豊かだった時代はほんのわずかです。唐《とう》の一時期、清の一時期くらいでしょうか。

中国はほとんどの時代が戦乱の中にありました。中国人の圧倒的多数であった農民たちは、どの時代も搾取され苦しんできました。その苦しんできたことによるコンプレックスと、世界４大文明の１つをつくりあげた国であるプライド、両方を持ち続けている人たちなのです。その感覚が中国人のＤＮＡには深く刻まれているので、少しくらい豊かになっても、ルサンチマン体質は払拭できません。

## 孔子も杜甫も李白もルサンチマン

中国人のルサンチマン体質は、儒教からも知ることができます。
儒教は孔子《こうし》を始祖とする思考・思想の体系です。紀元前から中国人の心の中に根付き、考え方の礎になっています。そして、孔子の弟子たちがその教えをまとめ、編纂した書が『論語』です。そのため、『論語』の多くの文章は「子曰く」から始まります。「子」とは、孔子のことです。

古来、中国で政治家になるのはインテリの人たちです。彼らのほとんどが『論語』をそらんじることができます。2000年以上残ってきた『論語』をめくると、中国人の考え方の多くを知ることができるはずです。

そして愉快なことに、くり返し読むと、この書が孔子の不満、いわゆる愚痴だらけであることに気付かされます。『論語』というと学校の授業で習う堅苦しい漢文のイメージを持つ人も少なくありませんが、書かれていることは人が生きるための原理原則。実にシンプルです。難解ではありません。そして、逆読みするとさらに理解しやすいことに気付きます。

**子曰く、吾《わ》れ十有五《じゅうご》にして学に志す。三十にして立つ。**
**四十にして惑わず。五十にして天命を知る。六十にして耳順《みみしたが》う。**
**七十にして心の欲《ほっ》する所に従って、矩《のり》を踰《こ》えず。**

これは『論語』の「為政 第二」の章にある有名な言葉で、次のように訳されています。
——先生は言われた。「私は十五歳になったとき、学問をしようと決心し、三十歳になったとき、学問的に自立した。四十歳になると、自信ができて迷わなくなり、五十歳になると、天が自分に与えた使命をさとった。六十歳になると、自分と異なる意見を聞いても反発しなくなり、七十歳になると、欲望のままに行動しても、人としての規範をはずれることはなくなった」（『論語入門』井波律子・岩波書店）

これを逆読みしてみましょう。

「孔子は15歳までは勉強しなかった。30歳までは自立できなかった。40歳までは迷い続けた。50歳までは天命はわからなかったし、60歳までは人の言うことに耳を傾けなかった。70歳までは枠からはみ出した社会性のない人だった」とも解釈できます。どうです？ 私たちと何ら変わらないでしょう。

**子曰く、学んで時に之れを習う、亦《ま》た説《よろこ》ばしからず乎《や》。**
**朋《とも》有《あ》り遠方自《よ》り来たる、亦た楽しからず乎。**
**人知らずして慍《いか》らず、亦た君子《くんし》ならず乎。**

こちらは『論語』の冒頭、「学而 第一」の章にある言葉で、次のように訳されています。

――先生は言われた。「学んだことをしかるべきときに復習するのは、喜ばしいことではないか。勉強仲間が遠方から来てくれるのは、楽しいことではないか。人から認められなくとも腹をたてない。それこそ君子ではないか」（前同）

私は、ここにある「人知らずして慍らず」が『論語』の核となっている最も大切なくだりだと考えています。人が自分を評価してくれなくても腹を立ててはいけないよ、ということです。

こんなことを書いているのですから、孔子自身は周囲に認められなくてイライラしながら暮らしていたわけです。身長は高かったようですが、本人は大人物だったのでしょうか。むしろ不満の塊だったからこそ、君子としての生き方を身に付けていったのです。

そこに人間臭く生々しい魅力があり、多くの弟子たちに支持されたのでしょう。カッコつけていなかったのです。悔しい、腹立たしい、悲しい……、そんな劣等感から脱却して心穏やかになっていく過程、心がけが『論語』に記されています。

孔子は自分の弱さを隠そうとしないルサンチマンでした。

杜甫や李白にも、孔子と似たルサンチマン的なところがあります。

李白は、大胆な詩作で知られ、一方で高揚した友情をうたいながら、一方では絶望的な人間関係を詩に詠んでいます。

「古風五十九」は、次の4句で締め括られます。

**衆鳥集榮柯　衆鳥《しゅうちょう》は栄柯《えいか》に集い**
**窮魚守空池　窮魚《きゅうぎょ》は空池を守る**
**嗟嗟失懽客　嗟嗟《あゝ》失懽《しっかん》の客《かく》**
**勤問何所規　勤問《きんもん》するも何の規《き》する所ぞ**

この句について、『李白 詩と心象』では次のように解説しています。

――小鳥たちだって、とかく「栄柯」、日当たりのいい、花の咲いた枝に集まりたがる。逃げ場のない魚だけが、水の空《から》になった池のなかで、こうしてじっとこらえているのだ。——李白が自分を、八方ふさがりの「窮魚」にたとえていることは、明らかである。とすれば、「衆鳥」とは、権力者のひざもとに集まりたがる俗物たちにたとえたものだろう。（略）

「失懽」とは「失歓」である。主人の機嫌をそこねてしまい、日の当たらなくなった失意の人間。「窮魚」との関連からみて、これも李白自身をさすものだろう。——こんな世渡りのへたな人間が、一生懸命にご機嫌をうかがい、忠勤をはげんだところで何になろう。世間の生きがたさ、人心のたのみがたさこそ、人生の現実であると知るべきなのだ。（『李白 詩と心象』松浦友久・社会思想社）

詩聖と称される杜甫に対し、〝詩仙〟と称される李白は、人間関係が弱点でした。

8世紀に生きた李白は、朝廷に仕えていたときに酔っぱらい、唐の第9代皇帝・玄宗《げんそう》の腹心の高力士《こうりきし》に横柄な態度をとり、宮廷にいられなくなっています。

杜甫も、科挙と呼ばれる官僚登用試験に合格できず、何度も都である洛陽を去ります。安禄山の乱が起きると捕虜として幽閉されるという経験もします。

こうした辛い体験の中から、李白も杜甫も、思うようにならない人生や自らが不当に扱われているというルサンチマンを、美しい言葉で表現しています。

## 中国流の喧嘩

習近平の中にも、孔子や杜甫や李白と同じような性質が感じられます。

自分は強くない。だから、いじめられる。このままじゃいけない。強くならなくちゃいけない……。そういうスタンスが、大衆から強く支持されている理由ともいえます。中国の国民は習近平の中に自分に近いものを感じているのかもしれません。

たいがいの中国人は、やかましいというイメージがありますよね。唾を飛ばしてワーワーと自分の主張ばかりしてきます。街でもよく大声で喧嘩をしています。

彼らはなぜあれほどワーワー騒ぐかというと、自信がないのです。自分のことを弱いと思っています。弱い犬はよく吠えるという通り、大きな声で主張をし続けないと、逆にいじめられると思っているのです。怒鳴り続けることによって、相手に怒鳴るタイミングを与えません。だから、中国人は口喧嘩をよくやるけれど、殴り合いはほとんど見ませんでした。

中国人の夫婦喧嘩を見たことはありますか？　実に激しい戦いを展開します。妻は、夫からどんなにひどい目に遭わされたかを叫びまくる。夫も反論しまくる。中国は人口が多いので、ギャラリーがみるみる増えていく。夫婦喧嘩の声が聞こえれば野次馬が集まるのです。すると、妻はさらにみんなに夫のひどさを訴える。私は正しいとアピールする。夫も、こんな妻のせいで自分がどれほど苦労させられているかを叫ぶ。

最後は、そこに集まっているギャラリーが、どちらが正しいかをジャッジしますが、ハッキリどちらが悪いかなんて結論は出ません。結局、２人とも疲れて声が出なくなる状態となります。喧嘩は中国では、エンタテインメントです。そんな中国人の夫婦喧嘩から、尖閣諸島の問題にも似たような状況を感じませんか？

おそらく国としても同じです。常に主張していないと、隙を見せたら日本の思い通りにされる、アメリカにやられると思っているのではないでしょうか。だからひっきりなしに何か言ってくる。尖閣周辺の海域に、連日中国海警局の船舶が現れるのも、大きな声で主張することに意味があると考えているからです。

## 中国と日本は、弱者VS弱者か？

確かに、中国のGDPは世界第2位です。1952年のGDPは679億元でしたが、改革開放政策が実施された1978年には3679億元に増え、2023年には126兆元を超えました。普遍価格で計算すると、その伸びはおよそ224倍です。また、世界経済に占める割合を見ても、1978年に1・7％だった割合が2023年には17％となり、1979年から2023年までのグローバル経済成長への寄与度は年平均24・8％で、世界トップでした（日経BP総合研究所の調査による）。

それでもきっと多くの中国人は、国家の経済力が強いとは思っていません。口では、自分たちの国が最高だと言いますよ。偉そうな態度もとるでしょう。でも、潜在的には自分たちが強者とは思っていないのです。

中華人民共和国は言うまでもなく社会主義国家です。１９６０年代から70年代にかけて毛沢東が文革で大失敗。経済力は大いに衰退しました。その後は鄧小平や江沢民が、社会主義に資本主義を継ぎ足して継ぎ足して、なんとか国をやりくりしてきました。自分の国の社会主義経済が脆弱であるという自覚を持っているのです。

中国に賄賂が横行するのも、そのあたりに原因があると私は感じています。地方の政府は日本円にすれば、数十億円、数百億円で土地を払い下げ、その内の何パーセントかが役人にキックバックされて、ポケットに入れてしまう。政府が取り締まっても取り締まっても解決しません。今も毎週のように官僚の汚職が報道されています。これは、官僚たちに、自分たちは弱者でいじめられているから、策を講じなくてはいけない……という考えが常に根底にあるためで、自分の身を守るために蓄財しているのです。その一方で、日本の側も中国にいじめられているという潜在意識に苛まれているふしがあります。

日本は隋《ずい》の時代に、中国の文化、技術、制度などを学ぶため、６００年から遣隋使を送っています。630年からは唐の時代の中国に遣唐使を送っています。小さくてやせっぽちの日本には、漢字をはじめ様々なものを中国から吸収してきた歴史があります。一方で、元寇《げんこう》により、日本が亡国の危機に立たされた経験もあります。

とにかく、中国は数千年の間、日本より先進的な国であり、日本にとって脅威だったわけです。ルサンチマン体質の中国は日本を警戒している。日本の歴史からいうと日本は常に中国への恐怖がある。お互いがけん制し合っているのです。

視点は変わりますが、中国人たちには、日本がアメリカと親しくするマインドが理解できないようです。日本はアメリカに原爆を落とされ、広島で約14万人、長崎で約7万人が亡くなっています。沖縄では地上戦が展開し、約18万8000人が亡くなりました。そのうち9万4000人は一般の住民です。その後、占領政策を続け、今でもアメリカの日本での横暴な振る舞いは続いていると中国人は考えます。

それなのに、なぜアメリカの言いなりなのか、とよく聞かれます。その後も日本の自動車に輸入規制をかけたり、アメリカに厳しい態度をとる政治家が失脚させられたりしているのに、なぜ反発しないんだ、と首をかしげます。

知って
おくべき!

# 偉大なる復興と一帯一路

「中国の夢」

これは、習近平が愛国を意識した演説をするときによく使う言葉です。英語に訳すと「チャイニーズドリーム（Chinese Dream）」。「アメリカンドリーム」を意識した言葉なのでしょう。ただし、その意味するところは少し違っています。アメリカンドリームは、手にしたチャンスを活かして大きな成功を掴むこと。それは機会が均等に与えられている民主国家だからこそ掴める、個人の夢です。

一方、中国の夢は、2つのテーマを含んでいます。1つは「中華民族の偉大なる復興」。もう1つは「一帯一路」です。アメリカンドリームのように個人が豊かになることとは、名は同じでも体がまったく違うのです。

――今、誰もが中国の夢について語っている。私は中華民族の偉大なる復興の実現が、近代以降の中華民族の最も偉大な夢だと思う（サイト「人民網日本語版」2014年11月19日）

これは、2012年11月、中国共産党中央委員会総書記になったばかりの習近平が、北京の国家博物館の展示『復興の道』を見学したときの談話の内容です。そして、翌年の第12期全国人民代表大会第1回会議の閉幕式では、次のように言及しました。

――中国の夢は民族の夢であり、中国人一人ひとりの夢でもある。我々がしっかりと団結して、心を一つにし、共通の夢の実現に向けて奮闘しさえすれば、夢を実現する力は限りなく強大になり、我々一人ひとりが自分の夢の実現のために払う努力にも大きな可能性が開ける（前同）

「偉大なる復興」という言葉が示す通り、この時点で習近平は中国が復興してい

ると は解釈していません。

初めて習が「中国の夢」について言及した年の2年前、２０１０年に中国はＧＤＰで世界2位になっていますが、それでもなお、列強にいじめられていると考えているのです。

一方、２０１３年に習近平が提唱した一帯一路は、中国を出発点にして、アジア、ヨーロッパ、アフリカまで親中国圏を拡大する構想です。中国から中央アジア、ヨーロッパへとつながる陸路の経済ベルトが「一帯」。シルクロード経済圏構想です。中国から南シナ海、インド洋、ヨーロッパへの海路が「一路」。こちらは、海のシルクロードと呼ばれます。このルートにある国々に、鉄道をはじめとするインフラ投資を行っています。

自国の資本を貸し付けて鉄道や空港や港を作り、その利権を得る。相手国がお金を返せなければ、インフラをまるごといただくという、ちょっとした世界制覇を思わせる内容です。

この一帯一路は、元はシルクロードから発想した構想でしたが、現在ではアフリカや南米まで延びるプランに発展しています。

ところが、この中国中心の経済圏を築く壮大な計画は、現実的には厳しい状況になっています。中国政府の経済支援によって、中国とつながる鉄道を開通させたラオスは、債務が拡大し深刻な通貨安に陥りました。スリランカも債務不履行に陥り、中国の政府系銀行による再編に応じています。

スリランカは一帯一路構想に賛同し、各地でインフラを整備しましたが、そのほとんどは中国からの借金で賄っていました。南部のハンバントタでは、同じように中国から借金をして港を整備しましたが、2017年に借金を支払えなくなります。スリランカ政府は中国に対し借金返済の繰延べを要求しますが、中国政府は応じず、この港の港湾運営権を99年間中国企業に貸し出すことを決めました。この港は、船の寄港数が極端に少なく儲からない港ですが、インド洋のシーレーンに位置していて、軍事上の価値は大いにあります。

このように中国の一帯一路は、相手国を借金漬けにして、その土地を事実上植民地化するようなことをしており、西側諸国は大いに警戒しています。

一方で、新型コロナウイルスの感染拡大も、一帯一路にブレーキをかけました。中国企業はアジア各地で土地を買収しビルを建設し始めたものの、その多くがコロナによって撤退せざるを得なくなっているのです。

たとえば、カンボジアを代表するリゾート地のひとつ、シアヌークビルには500棟を超える中国資本の〝幽霊ビル〟があります。

一帯一路政策で中国企業が進出をはかったものの、コロナによって撤退。建設中、あるいは完成したものの無人のまま、ビルは放置されています。崩壊や犯罪の温床になるリスクもあるので、カンボジア政府は税の免除をはじめ救済措置を講じているものの、解決に至っていません。

このように紆余曲折がありながらも、中国は世界各国に貸しをつくり、自国の力を増している状況であることは間違いありません。

## 短く明解なメッセージ――「安全」

2022年の党大会で、習近平は新たに〝安全〟を政策の前面に打ちだしました。すべての政策を国内外の安全に紐づけると宣言したのです。

なぜ今、安全なのか――。

中国には欧米の価値観がどんどん広がっています。1978年から鄧小平が改革開放を行い、外資を導入することによって欧米の価値観が入ってきました。政治的には共産主義でも、経済的には資本主義を取り込まないと国民が働くモチベーションを見つけづらくなるからです。だからといって、資本主義を取り込み過ぎると、共産党の存立意義がなくなってしまいます。

かつて、元官房長官・野中広務は中国について「今の中国は、共産主義ではなくて修正資本主義」だと喝破しました。1990年代から2010年頃までの中国の姿をよく言い当てています。

習近平は、市場経済を取り込むことにより、「はたして共産党は必要なのか」と疑う人も出てきかねない状況に危機感を覚えました。そこで発想したのが〝安全〟というキーワードでした。共産党の位置付けをあらためて明確にするために「みなさんの安全を保障しますよ」と明言したわけです。

安全の担保、つまり「今、われわれはいじめられているけれど、この状況をみんなで力を合わせて克服して、いじめられない国にしよう」という内容を訴えて、いじめられないイコール〝安全〟だと言っているわけです。

この〝安全〟が、中国の国民の気持ちを掴みました。国民が最も求めていたものだったのでしょう。

なぜ〝安全〟というメッセージが国民の心に響いたのか。

これもおそらく、多くの人が自分の国は西側諸国にいじめられていると、顕在的であれ潜在的であれ考えているからです。国民もまた、古代からの歴史と痛めつけられた近現代史から、ルサンチマン体質になっているというのが私の分析です。今なお諸外国を恐れているからこそ、安全を担保してくれる政治家、習近平を支持したわけです。

習近平政権誕生当初は、国民の多くが習を支持している状況を、私自身は意外に感じていました。というのも、仕事の場で知り合い、会話を交わす中国人の多くが習近平の政策ややり方に批判的な立場をとっていたからです。

肌感として、中国の国民の多くが習近平にネガティブな感情を持っていると認識していました。ところが、どうやら私のそんな考えは間違いだったようです。その蒙昧を懇意の中国人が端的に醒ましてくれました。

「武田さん、あなたが付き合っている中国人は大学出の知識人でしょ」

確かに私が接する中国人は政治家や役人やマスコミ関係者が多く、彼らはみな知識人です。

「大学出のインテリ中国人は、今の習近平の政治ではやがて行き詰まると考えています。でも、多くの国民は、目の前の安全こそが大切です」とも言われました。

## 大衆に支持される習近平

中国の役人はもちろん、観光で日本を訪れている中国人も、多くは歴史や経済を勉強してきた、いわゆるインテリ層です。そして、経済的に豊かな人たちです。彼らは状況を比較的正確に判断するための知識や情報を持っています。

それでも、彼らは中国人の中の、ほんのひと握りでしかありません。ほかの大多数の中国人は貧しく、自分の生まれ育った土地しか知らずに人生を送ります。その大多数が、習近平を支持しているというのです。

中国では、大学卒は5人に1人くらいでしょう。この層、つまり世界情勢や経済を俯瞰できている人たちは、等身大の中国をある程度理解しています。しかし、残りの4人は目の前の生活の安定こそが最優先事項です。その大多数の国民に、習近平の安全というメッセージはしっかりと届いているようで、腐敗した政治家や官僚を中国政府が厳しく取り締まると拍手喝采です。日頃から自分たちは搾取されていると感じているからです。

前述の通り、実際に中国では汚職が横行しています。一党独裁が70年以上続いているので、既得権益を持つ権力者の腐敗は増える一方です。「権力必腐」。長期権力は必ず腐敗します。

日本でも2023年の終わりから、自民党の裏金問題が騒がれています。細かい事情はともかく、原因は、2012年から12年間、自民党政権が続いているからと言わざるを得ません。

それを考えると、中国の一党独裁は日本の自民党政権よりはるかに長く続き、政治家や官僚や軍は権力の上に胡坐をかいています。汚職が起きないはずがありません。取り締まっても取り締まっても追い付きません。なにしろ取り締まる側の検察、警察や軍隊でさえも腐敗しています。権力が入れ替わらない限り、解決は難しいでしょう。

現在の中国では、国民の大多数が海外の情報や、世界の中で中国がどういう位置や立場にいるのかを知りません。国が情報をコントロールしているからです。考え、判断する材料が与えられていないので、どうしてもわかりやすい言葉、わかりやすい状況に反応してしまいます。

2000年代初頭の日本を思い出してください。当時の日本は小泉純一郎内閣のもと、郵政民営化を行い、国民から圧倒的な支持を受けました。

「自民党をぶっ壊す!」「聖域なき構造改革!」「自己責任」「抵抗勢力」など、小泉の歯切れのいい言葉、短くてわかりやすい言葉を国民は喜んで受け入れていました。それが〝小泉劇場〟といわれていました。

あの頃の日本の空気に、今の中国は近いかもしれません。習近平も〝安全〟という短くわかりやすいキャッチフレーズを国民の胸に届け、多数の支持を受け、その支持を背景に様々な政策を決定しているともいえるのです。

## 法家思想と儒家思想

歴史を紐解くと、中国の政治の波には一定の法則があります。あるときは「法家思想」、またあるときは「儒家思想」で、その2つをたくみに使い分けてやりくりしてきました。

儒家は春秋時代に孔子によって始められた学派で、根本を「仁」とし、愛や真心、思いやりを重視した思想です。儒家思想のもとでの政治とは、法律や刑罰で国民を規律することではなく、道徳によってよい道へ導くことを理想としました。

一方法家は、儒家よりも後の戦国時代に、韓非によって大成された思想です。秦の始皇帝の中国統一にも反映された専制支配の考え方で、法を用いて権力支配を強化し社会秩序を強固にするものです。

次第に儒家は性善説に、法家は性悪説を唱えていきますが、このことからも2つの思想の違いがよくわかります。

戦乱が終わり王朝ができ、社会が安定すると、経済活動が活発になります。人口も増えていきます。すると、法で国を規制します。ルールによって秩序をつくるのです。賞罰を設けて、成果を上げた人間には賞としてお金や土地を与え、間違いを犯した人間には罰を与える。ルールをつくって、飴と鞭で国を治めていくわけです。

しかし、それはいつまでも続きません。経済のパイが大きくなり、やがて飽和状態になります。長期政権によって、政治の腐敗も始まるでしょう。経済のパイに限界が来ると、今度は儒家思想の出番です。規則で縛るのではなく、もっと大局的・道徳的な考え方でやりましょう、となる。

習近平もおそらく法家思想と儒家思想を使い分けています。ここまでは法家思想を軸にやってきました。しかし、そろそろ立ち行かなくなったと判断し、儒家思想にギアチェンジし始めています。それが安全です。安全、そして偉大なる中国の復興という大きな考え方で支持を得ようという判断です。

法家、儒家、法家、儒家……と切り替えていく中国の政治において、習近平が安全を旗印にしているのは、正攻法なのかもしれません。儒家思想に切り替えるのはまだ早いのではないか。法家思想のままでもうしばらくもつのではないか。中国国内ではそんな意見も聞かれます。

でも、習近平の頭の中では、そろそろ切り替えるための助走を始めなくてはいけないと判断をしたのでしょう。

## 習近平はアメリカに怯えている？

習近平という人はいい意味でマイナス思考、言い換えると臆病なのだと、私は感じています。国内向けには強気の発言はするものの、やっぱりアメリカが怖い。アメリカという国は、自分たちに不利益をもたらしたり、非人道だと弾じた政権に対しては、その多くを力で排除してきました。

イラク共和国のサダム・フセイン、リビアのカダフィ大佐（ムアンマル・アル＝カッザーフィー）……。そして、サウジアラビア出身のウサーマ・ビン・ラーディンも。ロッキード事件で、1976年に田中角栄が逮捕されたのも、その裏でアメリカの意思が働いたという説があります。陰謀説という人もいますが……。

中国では、北京の天安門事件や、2014年に香港で起きた数万人の学生や市民が抗議した反政府デモ「雨傘運動」についても、アメリカが仕組んだという説が根強く語られています。

習近平は、油断すると自分もアメリカに排除されると、警戒しているのです。もしアメリカと戦争になったら、中国に勝ち目はありません。戦力差が大きいからです。そのあたり、地頭のいい習近平はきちんと計算できているはずです。

**雨傘運動**

2014年9月から79日間続いた民主化要求デモ。2014年８月の香港行政長官選挙を巡り、中国中央政府が民主派の立候補者を実質的に排除する選挙方法を決定したことに、数万人の学生・市民が抗議し繁華街を占拠。警官が使う催涙弾や催涙スプレーに対し、デモ参加者が雨傘をさして対抗したので「雨傘運動」といわれる。

第2章

# 中国と日本の本当の関係

知って
おくべき!

# 日中国交正常化

前章でも述べた通り、現在の中華人民共和国と日本との国交が正常化したのは、1972年9月、当時の田中角栄政権のときです。

田中の前の佐藤栄作政権まで、日本は、今の台湾の国民党政権を中華民国の正当な政権と認めて、中華人民共和国とは正式な政府間の関係がありませんでした。田中は、1972年の7月に自民党総裁選で福田赳夫《たけお》を破り総理大臣に就任してすぐ、中華人民共和国と国交を回復する意思を明確にしました。

9月には、田中は日本の現職の総理大臣として、初めて中国の首都・北京市を訪れます。国務院総理(中華人民共和国の最高国家行政機関、国務院主宰)の周恩《しゅうおん》来《らい》と会談を重ね、中国共産党主席の最高権力者・毛沢東との会談にたどり着き、9月29日、日中共同声明(日本国政府と中華人民共和国政府の共同声明)に、周恩来、両国外相の大平正芳、姫鵬飛《きほうひ》と共に署名しました。

「日本と中国いま国交 戦争状態終結きょう実現 平和友好条約締結に同意 歴史をひらく共同声明 日台条約は終了」（1972年9月29日『朝日新聞』夕刊）

「日中国交ひらく 共同声明を発表 北京で両首相署名 不正常状態は終了 台湾の中国帰属を理解」（1972年9月29日『読売新聞』夕刊）

日中の国交が回復した日の新聞は、このニュースを一面トップで報じました。

日中共同声明では、平和友好関係を確立するために、次のようなことなどを確認し合っています。

○日中間の戦争の終結、不正常な状態に終止符を打ち、外交関係を樹立すること。
○中華人民共和国政府が中国の唯一の合法政府であり、台湾は中華人民共和国の領土の一部であると承認・理解すること。
○国家の主権や領土保全に対する相互の尊重と不可侵、内政に対する不干渉。

そして中国は、この共同声明の中で「日本に対する戦争賠償の請求を放棄する」ことを宣言しています。

この後詳細を述べていきますが、1972年の時点で、中国は日中戦争の賠償請求権を明確に放棄しているのです。

そのため、日本は一度けじめをつけたと判断しました。ところが、この後今日に至るまで、日中間で戦争と謝罪という問題がくすぶり続けることになります。

これも後述しますが、賠償金の名目では支払わなくても、ODAというかたちでこの後に中国に多額なお金を渡し始めています。

そもそも賠償請求権の放棄に関しては、日本と中華民国の戦争の状態の終了と共に、1952年に結ばれた「日華平和条約」において取り決められています。ただし前述の通り、当時の日本は蒋介石政権下の中華民国を中国の正当な政府とみなしており、中華人民共和国を認めていませんでした。そのため、この時点で中華民国との平和条約は結ばれたものの、中華人民共和国との正式な国交は回復されないままだったのです。

国交の回復にあたり、田中角栄の決断の上で最も重要な判断材料のひとつが賠償権についてでした。当時の中華人民共和国の国務院総理・周恩来が、賠償請求の放棄を認める意向があることがわかり、田中は訪中を決意。その大きな契機となったのが「竹入《たけいり》メモ」と呼ばれる、周恩来と公明党委員長・竹入義勝《よしかつ》との会談の記録でした。

## 竹入メモ

日中国交正常化は、こんな短期間に田中が１人で実現させたわけではありません。自民党はもちろん、政治・経済界をはじめ、卓球やバレーボールなど、スポーツ界も中国と友好関係を結ぶために大きな役割を果たしていました。

その中でも特に重要な仕事をしたのは、１９７２年７月、田中が総理大臣に就任した直後、公明党委員長だった竹入義勝を代表とする公明党代表団による訪中でした。竹入は田中からの明確な後押しのない、独断に近い状態で北京を訪れて、周恩来と3日間にわたり会談しています。

その会談では、最も重要な課題が2つありました。1つは日中戦争の賠償について、もう1つは台湾の立場をどう認識するかという点です。

日本は中華民国との間で賠償請求権は放棄するという同意を取り付けていましたが、中国共産党にしてみれば、前の政権の取り決めとなるので無関係であると言われてしまうかもしれません。また、台湾は国民党の中華民国を名乗り、その時点でも中国全土を支配しているという建前があったため、それを日本が認めているということは、中国に2つの政権があると認めてしまうことになります。

後者に関して周恩来は、台湾・中華民国との断交を求めました。一方で、日中戦争については、一部の日本の軍国主義者が引き起こしたものであって、日本国民全体が悪いわけではないという論理のもと、戦争賠償の請求はしないという意向が話し合われたのです。

ほかにも、日中の国交正常化に関してかなり具体的な内容を周恩来と確認し合っています。そして帰国の際に持ち帰ったのが、その後もずっと語り継がれている「竹入メモ」です。

竹入は、帰国後与野党の垣根を越え、田中に会って周恩来との会談メモを提示しました。田中は、メモ中の中国側が戦争賠償を放棄するとの文言を見て、これなら国交正常化に踏み切れると判断。いよいよ訪中を決断することになります。

こうして1972年9月25日、田中と大平外相、二階堂進官房長官らが北京に降り立ちます。中国側がこだわった台湾（中華民国）との関係については、中華人民共和国を「唯一合法の政府」と認めることにより、台湾と断交します。

田中は訪中前、それまで外遊の際などに同行させていた娘の真紀子に向かって、「今回は連れて行くことはできない、自分は殺されるかもしれないから」と伝えていて、必死の決断だったことがわかります。交渉では、いくつかの点で中国側と揉めましたが、最終的には最高指導者である毛沢東とも会談し、29日、無事に日中共同声明にこぎつけます。

当時の中国は、文革の混乱により経済的に特に苦しんでいました。そこで後に日本は、賠償金ではありませんが、改革開放を支援するという名目で、ODAとして中国へ資金援助や貸付を行ってきました。

対中国へのODAは、1979年12月の大平総理大臣の訪中後より開始、2021年度末（2022年3月）に終了するまで、日本から中国へ毎年多額の支援をし、円借款の累計は約3兆3000億円となりました。

## 上野にパンダがやって来た！

日中国交正常化で忘れてはならないのは、カンカンとランランです。中国と日本の友好関係のシンボルとして、中国から日本へオスとメス、2頭のジャイアントパンダが贈呈されました。あのとき、日本人は初めて本物のパンダを見たことになります。パンダが東京の羽田空港にやって来たのは1972年10月28日。当時の内閣官房長官・二階堂進が空港までお迎えに行きました。

カンカンとランランに日本中が大熱狂。11月に上野動物園で一般公開されると、入園者が殺到しました。わずか50秒程度しか見学できないのに、約2キロメー

1972年11月5日、上野動物園で一般公開されたカンカンとランラン。2時間並んでも見物できたのは50秒程度。国内はパンダブーム一色に。 写真：共同

トルの行列ができたほど。年間入園者数は、700万人を超える年が続きました。

中ソ関係が悪化し、文革の混乱によって経済力が低下していた1970年代前半の中国は、アメリカや日本と友好関係を結ぼうとしていました。同じ1972年の4月にはアメリカのワシントンD.C.国立動物園に2頭のパンダが贈られています。その後に日本に来たカンカンとランランは、今日まで続く中国の対日パンダ外交のはしりでした。

中国の外交状況やどの国と仲がいいのかは、このパンダの貸与状況をチェックするとよくわかります。どこかと友好関係を結ぶ、あるいは中国が接近しようとすると、その国にパンダが

行くのです。仲のいい国にはパンダが行く。仲のよくない国にはパンダは行かない。中国の外交の基本です。

最近では、2024年に、アメリカやスペインにパンダが貸与されました。中国が接近、あるいは関係改善しようとしている証です。

また、四川省の「成都ジャイアントパンダ繁殖研究基地」とフランスの「ピレネー国立公園」が協定を結びました。おそらく近いうちにフランスにもパンダを貸与するでしょう。このように、中国が気前よくパンダを外国へ出すときは外交的に軟化しているシグナルともいわれています。

パンダは、〝友好の使者〟と呼ばれ、その貸与は中国の必殺技というか、あの国だけが使えるお家芸。中国にとっては圧倒的な外交のカードです。パンダの愛らしい顔を見ると、どの国の人も表情がほころび、心温まります。そして何よりも、そこにパンダがいるだけで、動物園にはお客が集まり収入が安定します。

2000年から2024年までパンダを展示していた神戸市立王子動物園によると、パンダが来日した2000年の来園者数は198万人を記録したそうです。それ以前は100万人ベースで、その後は120~130万人を推移しており、その数字からもパンダ効果がうかがえます。

ちなみに中国語でパンダは〝熊猫《シオンマオ》〟と表します。パンダは見た目の通り、基本的には温厚ですが、なにしろクマ科の動物です。中には凶暴な個体もいて、野生のパンダが人を襲うという事例もありました。人間と同じで、性格はそれぞれ違います。顔には優しそうなタレ目に見える模様がありますが、あの目をよく見てください。なかなか強烈です。それでも世界中で愛されます。地べたに座って笹をバリバリ食べている姿を見るだけで癒されるのです。

2017年に上野動物園で生まれたシャンシャンが、アイドル級の人気だったことは記憶に新しいでしょう。現在日本で飼育されているパンダは、日本で生まれた個体も含めて貸与扱いになっているため、シャンシャンは2023年に中国に返還されました。最終日の観覧枠は最大2600人でしたが、事前抽選の倍率は24倍、その中でも、最後の時間帯で観覧できる最終枠は約100人で、その倍率はなんと70倍だったそうです。

羽田を発つときは、約600人が見送りに訪れています。「ありがとうシャンシャン」のボードを掲げ、涙をためている人もいました。シャンシャンの姿が見えないにもかかわらず、です。シャンシャンが上野にいた6年弱の経済効果は、入場料からグッズまで、500億円を超えるともいわれています。

知って
おくべき！

## 今の日中関係に影を落とす日中戦争

ここで一度、日中の近現代史をさかのぼっておきましょう。近年の日中間の軋轢には、日中戦争が影を落としています。

中国と日本にはなぜ1972年まで長きにわたって国交がなかったのか――。その最も大きな要因が、1937年から始まった、日本が中国を侵略した日中戦争でした。日中戦争の原因、状況、日本軍が行ったことを知ると、今の日中の軋轢が理解できるはずです。

日本の歴史の教科書や参考書、入試などでは、今は「日中戦争」で統一されているようですが、「日華事変」「支那事変」など、世代や捉え方によって様々な名称が使われてきました。

日中戦争は途中から、アメリカをはじめとする連合国を巻き込み、太平洋戦争に発展していくわけですが、日本人が〝先の大戦〟と口にするとき、その多くが1941年に日本がアメリカ・ハワイの真珠湾を攻撃して開戦した戦争を指しています。つまり、日中戦争はそれに含まれていないという認識の日本人が多いのです。

ずっと〝事変〟と称していたことからもわかるように、宣戦布告なしに始まった日中戦争は、戦争と捉えられていなかったわけです。中国での武力衝突は軍部の独走だといわれていました。

一方中国では、この戦争の名称は明確です。「抗日戦争」とされています。つまり、日本に対抗した戦争です。こういったあたりから、日中戦争に対して、すでに日中間で認識が違っていることがわかります。

その日中戦争に至った発端は、1931年に起きた満州事変でした。当時、日本は世界恐慌の影響で、不況が深刻化していました。そこで軍部が独断で満州の植民地化をはかり、奉天《ほうてん》（現・瀋陽《しんよう》）の柳条湖《りゅうじょうこ》付近で鉄道を破壊。日本軍は中国軍のせいだと因縁をつけて強引に軍を進駐させ、満州を支配しました。日本政府が止めても言うことを聞かなかったので、このあたりまでは確かに軍部の独走という側面もあったようです。

その後も侵略行為を続ける日本軍に対し国際的な批判も高まる中、1937年に北京郊外の川に架かる橋、盧溝橋《ろこうきょう》で日中の両軍が衝突します（盧溝橋事件）。これはいずれかの発砲による偶発的な衝突がきっかけとされていますが（誰が発砲したかの定説はない）、日本は全面的な戦闘に突入する口実としており、事実上の日中戦争のはじまりとなりました。

当時内戦中だった毛沢東の中国共産党と蒋介石の国民政府は休戦、抗日民族統一戦線を結成して日本軍を迎え打ちました。当初は戦争に消極的だった近衛文麿《このえふみまろ》政権も、いよいよ戦争態勢に入りました。

盧溝橋事件と同じ年の12月、日本軍は南京にいた中国兵、捕虜、市民、便衣兵（民間人を装った兵士）を大量に殺害しました。中国側は30万人の大虐殺が行われたと主張しています。これが南京事件や南京大虐殺といわれるものです。

日本はもっと少なく死者数を見積もっているものの、正確な数字は誰にもわかりません。当時の中国は戸籍が不十分で正確な死亡者数は不明のままなのです。

南京の人口を考えると、死者30万人は多く見積り過ぎていると言わざるを得ません。ただし、南京に到達するまでの街や村でも、日本軍は虐殺、強奪、強姦などを行ったとされています。

さらに1939～43年頃にかけて、日本軍は重慶市において無差別爆撃も行っています。これは1937年のドイツ軍のゲルニカ爆撃と共に、「戦略爆撃」のはじまりといわれており、敵の戦う意欲を低減させるために、軍事目標だけでなく市街地も無差別に爆撃するものでした。このときの犠牲者は、中国側の資料によると2万8000人にも及んだとされています。

これらの日本の横暴は、国際的な承認は得られません。中国を支援していたアメリカやイギリスと日本との対立も深まり、ますます戦争は泥沼化します。

１９４0年、日本軍が石油資源の獲得を狙い東南アジア方面へ南進の姿勢を見せると、アメリカは日本を強く警戒するようになりました。さらに日独伊三国同盟の締結によって、中国とその背後にいるアメリカへも圧力をかけたことなどもあり、日米の戦争を回避するために行われていた、日米交渉も行き詰まります。

そうして１９４１年12月8日、東條英機内閣は真珠湾攻撃を実行。日米の戦争へと展開します。日本軍による中国への侵略に始まった日中戦争からここまで、一連の流れの中にあったのです。

１９４５年、太平洋戦争での日本の敗北を受け、日中戦争の戦闘行為も終わりました。日本の無条件降伏を勧告したポツダム宣言には中国政府も署名しているので、日本は中国にも敗北したこととなりますが、日本の中ではその視点があまりないようです。

１９７2年の日中国交正常化の際、周恩来が戦争賠償権を放棄した、その〝戦争〟とはこの日中戦争のことです。その後も尖閣諸島の海域で起きている中国と日本の衝突や靖国神社参拝問題も、この日中戦争に端を発しています。

## 田中角栄と周恩来のすれ違い

日中国交正常化の際、日中戦争で日本が中国を侵略したことに関する意思表明で、田中角栄と周恩来の間では行き違いがありました。日中通訳で細かいニュアンスが伝わらなかったのです。

「わが国が中国国民に対して多大のご迷惑をかけたことについて、私はあらためて深い反省の念を表明するものであります」

晩餐会の席で、田中はこう述べて周恩来に謝罪しました。

このとき通訳は「ご迷惑をかけた」を周恩来に「添了麻煩《ティエンラ・マーファン》」という表現で伝えました。この言葉に、周は激怒しています。

「添了麻煩」は謝罪ではありますが、それは女性のスカートに水をかけてしまったようなときに使う言葉。心を込めた重い謝罪ではなく、軽く「ごめんなさい」とといったニュアンスの表現です。そのことに周恩来は感情をあらわにしました。その後「迷惑事件」として語り継がれています。

私たちの国の人間を数百万人も殺した国の総理大臣が使うときにふさわしい言葉ではない——というのが周の論理です。中国をなめているのか！という怒りです。周恩来の怒りの理由はもっともなので、田中は日本では〝ご迷惑をかけた〟という表現は心を込めて謝罪するときに使いますと説明して、ひたすら取り繕ったといいます。とはいえ、田中も一国の総理。したたかです。日中戦争についての謝罪は、迷惑という言葉を使ったものの、口頭であって文書で残してはいません。

それでも、中国は日本との国交正常化を受け入れました。そうせざるを得なかったからです。当時の中国は文革によって弱体化していました。隣接するソ連との関係は悪化したままで、いつ攻めてこられても不思議ではない状況。

そんな中国に対し、アメリカはもちろんのこと、日本も高度経済成長期を経て、すさまじい経済成長を遂げていました。中国はアメリカや日本のような西側の強国と手を結ばなくてはなりませんでした。

中国にとっては日本からの経済援助ありきでの国交正常化です。それを日本は十分に承知していたので、求められるままにお金を渡しました。1979年以降のODAは明らかに中国の経済成長の礎になっています。

そのときはお互いに納得していても、時を経るにつれて、自国のほうが我慢して相手の要求を受け入れたというモヤモヤが積み重なっていきます。それは、やがて限界に達します。

ただし、日中国交正常化の場合、日本側の当事者である田中と大平は、中国に対して、申し訳ないという気持ちを持ち続けていました。後に田中は、「戦争を知っているやつが世の中の中心である限り、日本は安全だ。戦争を知らないやつが出てきて日本の中核になったとき、怖いなあ」と話していました。しかし、国内で田中とライバル関係にあった、後に総理になる福田赳夫《たけお》をはじめとする清和会系の政治家は違います。清和会系の政治家は、台湾と親しかったこともあり、中国共産党に対する強硬姿勢が目立ちます。

このような不満は中国側で爆発しました。1998年11月に江沢民が訪日し、本音をあらわにしたのです。

## 訪日で歴史問題を蒸し返した江沢民

──「不幸なことに、近代史上、日本軍国主義は対外侵略拡張の誤った道を歩み、中国人民とアジアのほかの国々の人民に大きな災難をもたらし、日本人民も深くその害を受けました。『前時を忘れず、後時の戒めとする』と言います。われわれはこの痛ましい歴史の教訓を永遠に酌《く》み取らなければなりません」

（1998年11月27日『朝日新聞』朝刊）

1998年11月、国家主席として初めて、国賓待遇で公式訪日した江沢民は、こともあろうに天皇陛下（現上皇）主催の宮中晩餐会で、日中戦争についてこう話しました。

日本側はびっくりします。なにしろ、1972年の日中国交正常化の際、田中角栄は周恩来に謝っています。中国が日本に賠償金を求めないことで合意しています。

にもかかわらず、ODAとして多額のお金を渡してきました。至れり尽くせりだと思っていたでしょう。

ところが、江沢民は文句を言ってきました。しかも、政治に関与していない、国の象徴としての存在である天皇陛下との晩餐会でです。日本国内で批判が沸き起こりました。

先に述べた通り、日中共同声明には謝罪の文面はありません。田中角栄が周恩来に口頭で謝ったことで、中国側は納得しています。文革の失敗で国力が弱まり、ソ連の脅威にさらされていて、日本と手を結ぶことを最優先したので、日本に対して強くは出ませんでした。ですが、21世紀が近くなると、中国は経済力が回復してきた。それで、歴史認識について蒸し返してきました。

天皇陛下は穏やかな表情のまま「貴国と我が国が今後とも互いに手を携えて」「世界の平和のため、貢献できる存在であり続けていくことを切に希望しております」（宮内庁HP「主な式典におけるおことば（平成10年）」）など、国境を超えて平和に尽力することを話しました。

ところが江沢民は態度をあらためず、日本滞在中に「正しい歴史認識」と何度も発言しています。これらの報道に、戦争に関する日中の温度差の大きさに日本中が驚きました。このとき、日本のメディアの多くは江沢民の非礼を批判的に伝えています。日本滞在中、江沢民は日本記者クラブで会見を行い、早稲田大学で講演もしました。そこでも、日本批判をくり返しました。

## 無言で頭を下げた小渕恵三

なぜ江沢民は、日本を訪れて連日「謝れ、謝れ」とくり返したのか。その理由は、彼は権力基盤が弱いので、愛国主義を前面に押し出すことで、中国国民や共産党内での支持を得ようとしたためだといわれています。この1998年の江沢民の訪日は、日中間の歴史問題を再び表面化させることになりました。

しかし、絶対に謝らないと、時の総理であった小渕恵三は心に決めていました。田中角栄がすでに謝って解決している案件です。小渕には謝るという判断はありません。それに、もし謝ったら、中国がまた賠償金をよこせと言い始めることが目に見えています。しかし江沢民は、しつこく謝れと言ってきます。このままでは収拾がつきません。

これは後日、当時官房長官として首脳会談の場に同席した野中広務に聞いたのですが、江沢民の前で、小渕はすっと立ち上がり、深々と頭を下げたといいます。

小渕は日本を代表する総理大臣です。書面に残すわけにはいきません。言葉に出して謝るわけにもいかなかったのでしょう。苦肉の策で、ただ頭を下げました。国のトップが目の前で、無言で頭を下げたことに、さすがの江沢民も目に涙を浮かべていたそうです。国のトップである小渕が頭を下げたわけですから、日本としてみれば、十分に謝罪しています。

あのとき、もし日本が中国に正式に文書などで謝罪していたら、中国は歴史問題に関して言及しないと約束したのか――。後年、中国の外交官に尋ねたことがあります。答えは「不是《ブーシー》」、つまり「No」でした。もし約束したとしても、その約束は必ず破られるから、という回答でした。

そんな日中の歴史問題の火に油を注いだのは、小渕が脳梗塞で倒れ、その後森喜朗内閣を経て、2001年に総理大臣に就任した小泉純一郎です。

## 小泉純一郎の靖国神社参拝

2001年8月13日／2002年4月21日／2003年1月14日／2004年1月1日／2005年10月17日／2006年8月15日

以上は2001年から2006年まで、小泉純一郎元総理が靖国神社に参拝した記録です。総理大臣に就任していた5年5ヶ月の間に、計6回靖国神社を訪れています。

靖国神社には、明治時代以降、1868年の戊辰《ぼしん》戦争から1945年に終結した太平洋戦争まで、戦争あるいは内戦において、政府や朝廷側で戦い没した軍人が祀られています。

太平洋戦争戦没者213万3915柱。その中にはA級戦犯も含まれています。

そして、日中戦争戦没者は19万1250柱です。言うまでもなく、靖国参拝は単なるお参りではありません。日本のトップとしての総理大臣が、戦犯者も含む戦争指導者に手を合わせるわけです。中国をはじめとする、自国の人間を殺された側は傍観者ではいられません。

2001年に小泉が総理となって靖国に参拝すると、日中関係は一気に悪化します。8月15日・終戦記念日の参拝でなければいいのだろうと、1回目は、8月13日に参拝しましたが、中国側は荒れるばかりです。小泉は、参拝後の10月に日帰りで北京を訪問し、当時の中国トップ・江沢民国家主席と会談したほか、日中戦争が始まった盧溝橋にある、中国人民抗日戦争記念館を訪れます。

中国側はこれでもう靖国参拝はないだろうと思いましたが、翌年以降も毎年参拝を続けたため、激昂し続けるしかなくなります。中国から国家主席や国務院総理が日本を訪問することはなくなり、国際会議の場だけでしか会談は行われませんでした。

しかし、そんなときの小泉の強みのひとつはパフォーマンス能力の高さです。小泉は一計を案じます。2005年にマレーシアで開催された東アジアサミットの際、首脳宣言の署名式にあえて自分のペンを使わずに、中国の当時の国務院総理・温家宝のペンを借りました。それを見た各国の首脳が、日中関係改善の兆しを感じて拍手しました。小泉にとっては想定通りの展開だったはずです。

しかし、これに先立つ2004年には、中国で開催されたサッカーの「AFCアジアカップ2004」で日本チームの国歌斉唱やゲーム中、中国人サポーターから大ブーイングが起きていました。日本チームが勝利すると、日本人サポーターは中国人サポーターから様々なものを投げつけられました。ゲーム後、日本選手は警備員に囲まれて会場を後にしています。こういう社会背景もあり、当時期待されていた胡錦濤国家主席と小泉との、中国や日本での会談は実現しませんでした。

中国の反日運動はエスカレートするばかりで、2005年4月には、中国各地で大規模な反日デモが起きます。

このうち上海では、4月16日土曜日、日本総領事館を1万人以上が取り囲み、レンガの破片やペットボトル、ペンキ、果ては汚物を投げつけられました。また、上海市内の日本料理店にも暴徒が押し寄せ、10軒以上が破壊されました。中国でのデモ行動は、気候のよい4月と9月に発生することが多いです。夏は暑く冬は寒いため、人々は外にあまり出てこないのです。

日本政府は、デモで破壊された損害について、中国政府に賠償を求めましたが、中国が応じることはありませんでした。

そんな中、政治的に大きな事件が起きます。

「中国版鉄の女」と呼ばれた呉儀《ごぎ》国務院副総理が、『愛知万博（愛・地球博）』の会場で実施される中華人民共和国のナショナルデーへの出席などのため、2005年5月17日に来日したのです。

呉は愛知県での視察の後、東京に移り小泉総理と会談する予定でしたが、5月23日に河野洋平衆議院議長と会談した後、「国内で緊急の公務があるため」と称して、小泉との会談をドタキャン、急遽大連へと帰国してしまいました。

呉儀訪日の直前、5月16日に小泉が衆議院予算委員会で、年内の靖国参拝について聞かれ、次のように話しています。

「いつ行くか、適切に判断する」

「戦没者の追悼で、どのような仕方がいいかは、ほかの国が干渉すべきでない。東條英機氏のA級戦犯の話が出るが、『罪を憎んで人を憎まず』は中国の孔子の言葉だ。なんら問題があるとは思っていない。靖国神社に参拝してはいけないという理由がわからない」

ここでは、「ほかの国が干渉すべきではない」と一歩踏み込みました。これに反発した呉儀が、ドタキャン帰国をしたといわれています。

後日、中国政府関係者に聞いたところ、この件について以下のような答えが返ってきました。

「もし、小泉との会談で靖国参拝を非難すれば、日中関係の決裂が決定的になってしまう。一方、もし、参拝について触れなかったり、やんわりとした批判で終われば、呉儀は中国国内で猛烈に批判され、最悪、失脚するかもしれない。だからドタキャンはギリギリの判断だった」

ただ反発して怒って帰国したというより、政治的立場が危うくなることが帰国の理由だったというのです。靖国参拝や戦争の問題というのは、それくらい、中国の政治家にとって敏感な、自らの生殺与奪を握る問題であるということも理解しておくべきでしょう。この呉儀のドタキャン問題以降、小泉政権で、日中間の外相級以上の会談は行われなくなります。

中国側が拒否したといわれますが、裏を返せば、自分の政治生命が危うくなるかもしれない日本側との会談なんて、恐ろしくてできないともいえます。

——我が国は、かつて植民地支配と侵略によって、多くの国々、とりわけアジア諸国の人々に対して多大の損害と苦痛を与えました。こうした歴史の事実を謙虚に受け止め、改めて痛切な反省と心からのお詫びの気持ちを表明するとともに、先の大戦における内外のすべての犠牲者に謹んで哀悼の意を表します。悲惨な戦争の教訓を風化させず、二度と戦火を交えることなく世界の平和と繁栄に貢献していく決意です。

（外務省ＨＰ「小泉純一郎内閣総理大臣談話」２００５年8月15日）

２００５年、小泉は戦後60年の談話を発表しました。しかし、ほとんど効果はありませんでした。靖国参拝への中国による抗議は、一国の総理の行動に外国が干渉してきたことになります。しかし中国側からすれば、田中角栄が日本の歴史を反省して周恩来と握手をしたにもかかわらず、現職の総理に靖国参拝されたわけです。

中国側としては、「一部の日本の軍国主義者が起こした戦争に対し、今の日本国民に苦しみを与える戦争賠償は求めてはいけないんだ」という理論で国民を説得してきたのに、これでは言い訳ができません。中国共産党は、日本に反発しないわけにはいかないのです。小泉が、Ａ級戦犯は除外して手を合わせた、とでも言えばいいのかもしれませんが、そういうわけにもいきません。

当時、中国外務省の幹部を取材しましたが、中国側の言い分としては、とにかく靖国参拝をやめてほしいということでした。小泉の靖国参拝は、中国国民を強く刺激すると話していました。小泉が靖国参拝をする限り、中国は日本に抗議しないわけにはいかないのだと。

そのときの取材相手は、「50年後ならば、毎日参拝してくれても構わない、でも今は困る」とも話したのです。

当時の中国には、日本軍によって恐怖の体験をした人が、かなりの人数存命していました。日本軍の手で親きょうだいを殺された人もたくさんいました。そういう人たちは靖国参拝が絶対に許せないわけです。でも、50年くらい経てば、中国国民の感情もかなり違っているはずです。あのとき、日中戦争に対する日本人と中国人の意識の違いを、あらためて肌で感じました。

## 野中、二階、小沢の訪中

小泉純一郎にも、彼なりの信念があったのかもしれません。だから、反日デモが起きても、靖国に通い続けたのでしょう。中国に屈することなく靖国参拝を続けることは、大衆からの小泉人気をさらに高めたとされています。

「小泉内閣の支持率が一貫して高かった要因は、もちろんいろいろあるが、一番大きな理由は靖国参拝を続けたことだろう」

これは、小渕内閣と小渕改造内閣で外務大臣、森改造内閣で法務大臣を務めた高村正彦の分析です。日本では小泉の行動を讃えた層もいました。その気持ちはわからなくもありません。小泉の態度や行動に、中国に屈しない強いリーダーの姿を見たのでしょう。

ただし、小泉の靖国参拝は当然日中関係を悪化させていきます。

その当時、自民党の中には、日中関係の改善をはかる政治家もいました。戦前生まれで、陸軍を経験し、戦争を二度と起こしてはならないという強い信念を持っていた野中広務は、日中の関係修復に尽くしていました。そこにビジネスチャンスの匂いを感じたのか、当時保守党の幹事長だった二階俊博も野中と共にくり返し北京に足を運んでいます。

しかし、そうしているうちにまた小泉が靖国参拝をする。日中関係はなかなか改善しませんでした。

２００６年10月、新たに総理となったばかりの安倍晋三が、電撃的に訪中します。小泉時代に悪化した日中関係を改善するためでした。この訪中は、中国では「氷を砕く旅」と呼ばれます。逆に言えば、小泉時代の日中関係は、氷のように冷え切っていたということです。翌年４月には、温家宝国務院総理が日本を訪れ、日中関係は一旦改善します。

ただ安倍は、夏の参議院選挙に敗れ、9月、在任わずか1年で総辞職。後を継いだ福田康夫政権では、中国から、史上2度目となる国家主席の訪日として、胡錦濤が日本を公式訪問します。日中関係は改善したかのように見えましたが、底流には冷たいものがあったのでした。

その後、民主党に政権交代した２００９年、12月に民主党の小沢一郎幹事長が訪中します。小沢は民主党の国会議員を１４３人も連れて訪中し、他党からは修学旅行のようだとか、朝貢《ちょうこう》外交、媚中《びちゅう》外交などと批判されました。

この小沢訪中団は、日本国内でかなり誤解されているため、私の取材した事実を記しておきます。

このとき、小沢に随行した１４３人の議員が、一人ひとり、胡錦濤と握手して、記念写真に収まりました。この写真撮影が、日本ではすこぶる評判が悪いのですが、実際は、小沢による胡錦濤・中国側への嫌がらせでした。訪中前の事前の打ち合わせで中国側は、100人以上と握手して写真撮影するなどというのは、国家主席として前例がないと、当初小沢の要求を突っぱねました。

しかし、小沢は国会議員という立場では、自分もほかの議員も対等なのだから全員と握手・撮影に応じるべきだと求めます。そもそも大人数で北京に来てくれと言ったのは中国側ではないかと、まったく譲りません。

これに対して中国側は困り果て、国家主席は忙しくて全員と握手する時間がとれないと理解を求めました。しかし小沢は、時間がないなら自分との会談をやらなくていいから、握手と撮影の時間をとれと答えます。結局、中国側は小沢に気圧されて、議員ほぼ全員との握手と撮影が実現しました。

小沢は、日本と民主党政権と自分をなめるようなことをすると、平和的にこのような嫌がらせをするぞと中国に警告したわけです。2006年7月、当時はまだ野党だった民主党代表のときにも訪中して、当時の胡錦濤国家主席と会談しています。

当時は小泉政権で、靖国参拝が日中間で大きな問題になっていました。その際小沢は、胡に対し、歴史問題や靖国問題について「今、中国に何か言われると日本は暴発しそうな状況にある」と言及しました。田中角栄が謝って仲よくなったはずじゃないか、なのに時間が経つと文書でも謝れ、さらにはずっと謝り続けろというのは、やり過ぎではないかと。

前世紀に中国を侵略した際のナショナリズムが、日本国内で再び起こりつつある、中国側も注意しないといけないと釘を刺したわけです。

このように信頼感を基礎にして中国側に苦言を呈する方法は、実に有効です。自らに敵意を持っている人の言うことは聞かなくても、根底に好意があれば受け入れられるというのは、人間関係と同じではないでしょうか。日中国交正常化を実現した田中角栄の愛弟子で、与党の時代も野党の時代も中国とのパイプを重視してきた小沢だからこその言葉でしょう。

## 便衣兵の恐怖

日本にとって、アメリカをはじめとする連合国軍と戦った太平洋戦争は圧倒的な負け戦でした。ただし、連合軍が参戦する前、満州を侵略していた時期の日本は勝って勝って勝ちまくっていました。

2000年代のはじめは、中国で戦った日本人もかなりの数存命していました。その層には、戦後、戦争体験を積極的に話す人が少なくありません。もちろん、日本軍もたくさん戦死していますが、帰国した人は生き残った方々です。だからなのか、武勇伝のように自分の体験を話すのです。

ところが、その後南方の島や沖縄戦で戦った人たちはまったく違います。戦争体験について語りたがりません。家族にも口をつぐんでいる人が多い状況です。

なぜなのか――。それはものすごくつらい記憶だからです。仲間が殺され、餓死もした、忘れたい記憶だからです。それと同じ状況が、日中戦争における中国人にはあるのだと思います。

南京事件についてはすでに触れましたが、日本軍は南京へ侵攻する過程で、途中の村で多くの民間人を殺しています。当時の中国軍には、便衣兵という兵隊がいました。いわゆるゲリラです。民間人の服装で、突然攻撃してきます。通り過ぎた村の便衣兵に攻められたケースは多かったと聞きます。

日本兵は便衣兵に突然背後から攻撃されることをとても恐れていました。しかし、民間人と便衣兵の区別がつかず、その恐怖から民間人も殺してしまったということが、歴史としての事実ではないでしょうか。

それと、これは私の主観というか、肌感ですが、中国人は同じアジア系の日本人にやられたということにコンプレックスを持っているのではないかと感じています。白人や黒人ではない、自分たちと同じ黄色い肌で黒い瞳の日本人に、ひどいことをされたという事実も許せないのでしょう。

こうした日中の歴史が、現代の尖閣諸島問題にもつながっているのだと、私は考えています。

知って
おくべき！

# 中国が尖閣諸島を欲しがる理由

沖縄県石垣市の尖閣諸島は、東シナ海の南西部、沖縄本島と台湾の間、石垣島の北に点在する島々です。島の数は５つ。加えて岩礁レベルが３つ。８つを合わせた面積は、約５・53平方キロメートル。東京ドーム約１１８個分に相当する面積です。

現状、尖閣諸島は日本が実効支配しています。そこに、中国と台湾が領有権を主張。中国は釣魚島（あるいは釣魚群島）、台湾は釣魚台列島と呼んでいます。尖閣諸島の領有権がクローズアップされたのは１９６９年でした。この海域に石油や天然ガスが埋蔵されている可能性が、国連で報告されたことがきっかけです。

尖閣諸島（＝釣魚島）が中国の領土であるとする、中国側の主張は次の通りです。

①中国が最も早く釣魚島を発見し、命名し、利用した。

②中国は釣魚島を長期的に管轄してきた。
③中外の地図が釣魚島は中国に属することを表示している。
（内閣官房ＨＰ「領土・主権対策企画調整室」／出典：中華人民共和国国務院報道弁公室）

これらに対して日本は、次の見解を示しています。
①「利用」といっても明・清朝の使節が尖閣諸島を航路指標としただけであり、領有根拠として不十分。「発見」「命名」も同じ。
②「海防範囲」の意味は不明。海防に関する本の絵図に島名が書かれているだけでは領有根拠にならない。
③古地図の色分けや地図に掲載されていただけでは領有根拠として不十分。
（内閣官房ＨＰ「領土・主権対策企画調整室」）

さらに中国は日本が釣魚島をこっそり盗んだとも主張します。
①日本は釣魚島窃取をひそかに画策した。

②釣魚島は台湾島と共に日本に割譲することを強いられた。(前同)

これらに対しても日本は反論しています。

①1895年の領土編入に至る経過において、日本は尖閣諸島が他国に支配されていないことを確認。

②日本の領土編入(1895年1月)は下関条約締結(1895年4月)の3か月前。尖閣諸島は、「台湾の付属島嶼」に含まれず、割譲はされていない。(前同)

このように、中国と日本はことごとく意見が対立。日本は、尖閣諸島は歴史的にも国際法上も明らかに日本固有の領土で実効支配しているので、領土問題は存在しない、領有権の問題はそもそも存在しない、というスタンスで一貫しています。

——尖閣諸島が日本固有の領土であることは歴史的にも国際法上も明らかであり、現に我が国はこれを有効に支配しています。したがって、尖閣諸島をめぐって解決しなければならない領有権の問題はそもそも存在しません。日本は領土を保全するために毅然としてかつ冷静に対応していきます。日本は国際法の遵守を通じた地域の平和と安定の確立を求めています。

これも日本の内閣官房のホームページにある文言です。

中国が尖閣諸島に執着する理由は、すでに述べたように、石油や天然ガスなど資源がある可能性が高まっていることです。中国は、尖閣の北の排他的経済水域に一方的な判断でガス田を建設してしまいました。

尖閣が欲しい理由はまだあります。中国と台湾に事が起きたとき、立地的に使い勝手がいいからです。台湾の東海岸は、大陸に近い西海岸と比べると守りが薄く、しかも水深があるので、潜水艦や航空母艦が動きやすく、尖閣周辺の海域を攻撃の拠点とすることができます。

尖閣諸島問題は、実は1972年の日中国交正常化に向けた首脳会談の中で、すでに周恩来と田中角栄の間で議題に上っていました。

田中総理　尖閣諸島についてどう思うか？　私のところに、いろいろ言ってくる人がいる。

周総理　尖閣諸島問題については、今回は話したくない。今、これを話すのはよくない。石油が出るから、これが問題になった。石油が出なければ、台湾も米国も問題にしない。

（『記録と考証　日中国交正常化・日中平和友好条約締結交渉』石井明、朱建栄、添谷芳秀、林暁光・岩波書店）

周恩来は、日中国交正常化という一番大きく重要なことを最優先して、尖閣のことはプライオリティは下だと判断しました。あの時点では賢明な判断だったのでしょう。周の意見に田中があの調子で「よっしゃよっしゃ」と言ったかどうかまではわかりませんが、2人の意見は一致して尖閣の議論は棚上げされたというのが、中国側の主張です。この棚上げについては、2013年、訪中した野中広務が、かつて田中自身が棚上げしたのだと言っていて、自分はその言葉を田中の口から派閥の研修会で直に聞いたと話しています。

## 尖閣諸島中国漁船衝突事件

2010年9月7日、尖閣諸島中国漁船衝突事件が起きました。尖閣沖の日本海域で、違法操業中の中国漁船と海上保安庁の巡視船が衝突。中国漁船は逃走する際、故意に巡視船にぶつかり破損させたのです。日本側は、中国漁船の船長を公務執行妨害で逮捕して石垣島へ連行しました。

一方中国側は、尖閣は中国の領土というスタンスなので、船長を引き渡せと主張。北京駐在の日本大使・丹羽宇一郎を、深夜を含む5度にわたって呼び出して抗議しています。日本政府が船長の勾留延長を決定すると、中国政府は即座に報復措置をとりました。日本との閣僚級の往来を停止、日中の航空路線増便の交渉を中止、日本への中国人観光団の規模縮小、在中国トヨタの販売促進費用を賄賂と断定し罰金を課すと決定、日本人大学生の上海万博招致を中止、レアアースの日本への輸出を意図的に遅滞……などです。

## 排他的経済水域（EEZ）と中国が主張する境界線

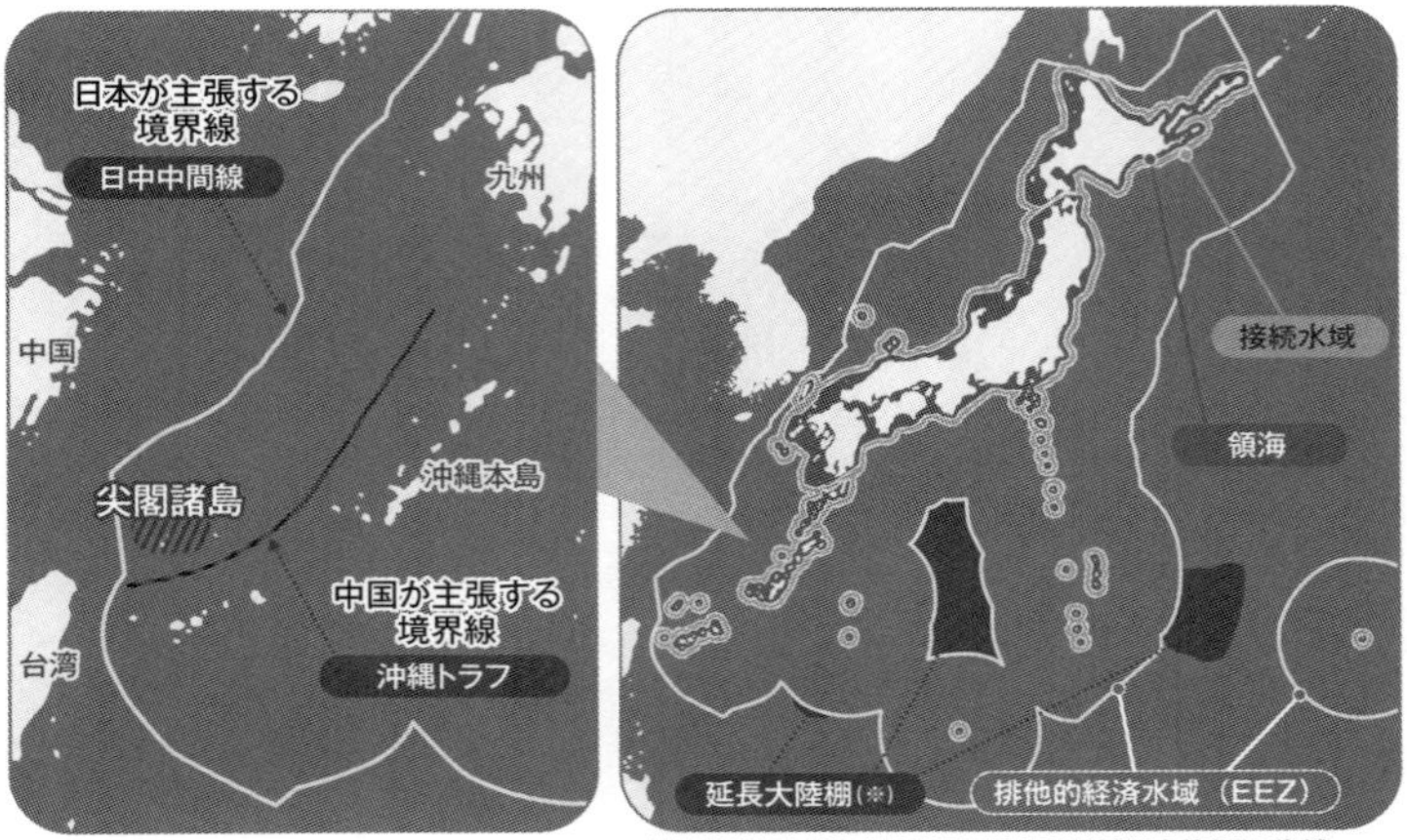


※排他的経済水域及び大陸棚に関する法律第2条第2号の海域

### ■ 領海・排他的経済水域（EEZ）等模式図

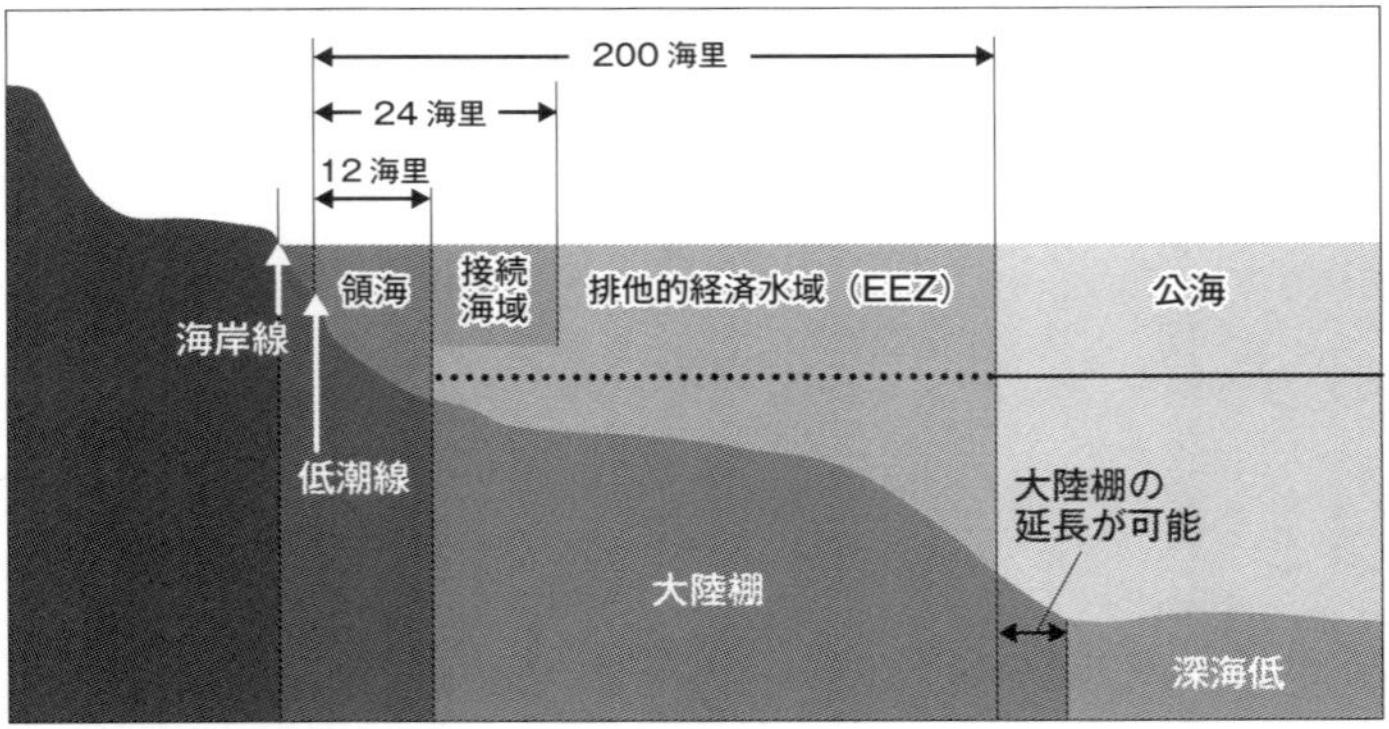


大陸棚は原則として領海の基線から２００海里だが、地質的および地形的条件等によっては、国連海洋法条約の規定に従い延長することが可能。大陸棚においては、大陸棚を探査しおよびその天然資源を開発するための主権的権利を行使することが認められている。

海上保安庁ホームページの資料を基に作成

## 中国による東シナ海での一方的資源開発の現状

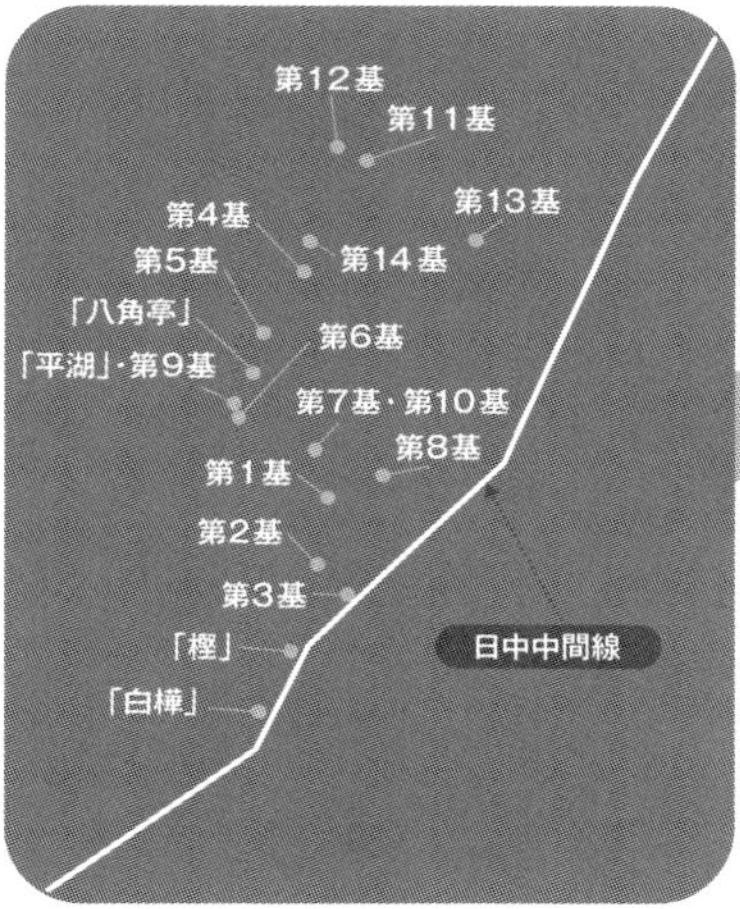


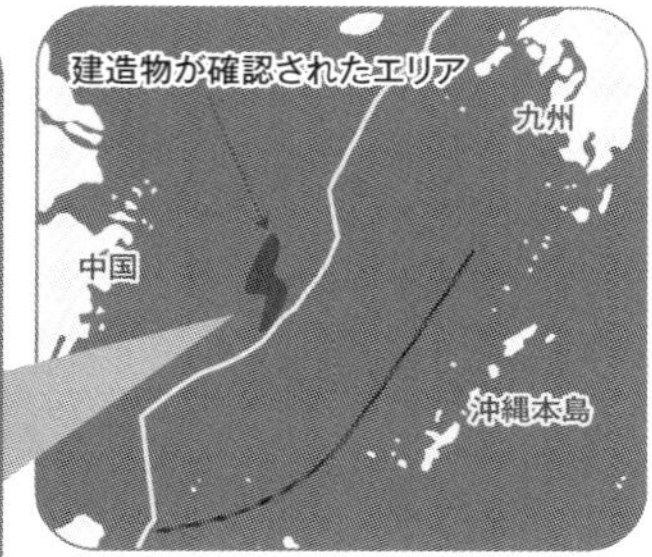


東シナ海のEEZや大陸棚は境界がまだ画定されていないが、中国は日中中間線付近にあるガス田の開発を活発化させている。土台が設置されたエリアは日中中間線の西側とはいえ、地中では日本側のガスを吸い出すとして、日本政府は抗議を続けている。

### ■ 日中中間線付近のガス田に中国が建設した構造物

（上）右＝「平湖」、左＝2015年3月に土台の設置が確認された第9基。（左上）「樫」。（左）「白樺」。構造物は計18基確認されているが、そのうち14基において、天然ガスを生産する際に発生したとみられる炎が上がるのを確認されている。

海上保安庁、外務省、防衛省のホームページの資料を基に作成この衝突事件は、後に撮影されていたことがわかります。海上保安庁が保管していたとされる映像を、海上保安官が自分の意思でYouTubeにアップしたのです。各テレビ局の報道番組やワイドショーは競うように映像を流し、尖閣で何が起きたのか、どんな状況だったのかが、白日のもとにさらされました。

公表した海上保安官は退職届を提出。海上保安庁は懲戒免職あるいは懲戒停職にする姿勢を示しましたが、最終的には退職扱いとなり、同庁を去りました。この時、彼に対して肯定的な発言をした人がいます。当時の東京都知事・石原慎太郎です。

「なんで政府が発表しないのか。(投稿者は)国民の目に実態を見てもらいたいと思って、流出した。結構なことじゃないか」(サイト「日本経済新聞」2010年11月15日)

そう言って、海上保安官による映像流出行為をポジティブに捉えていることを明らかにしました。石原はこのときの与党、民主党の菅直人内閣に対して厳しい態度を示したわけです。

そして2012年4月、石原はアメリカ出張中に、日本中が仰天する発言をします。

「東京都は尖閣諸島を買います。買うことにしました。たぶん私が留守の間に実務者が決めているでしょう」と、アメリカ・ワシントンで行った講演で宣言したのです。よほど腹に据えかねていたのでしょう。

この発言に先立って、石原は「大事で危険な演説をします」とアナウンスしていました。あらかじめ自分に注目を集め、ドカンとぶちまけたわけです。石原らしい、エンターテイメント性の高いパフォーマンスでした。

## 石原都知事の尖閣買収宣言と野田総理の読み違い

「東京が尖閣諸島を守ります」

あのとき、石原はきっぱりと言いました。自衛隊の配置や、対中国を意識した建造物の建設など、尖閣の使い勝手についても説明しています。

慌てたのは当時の総理大臣・野田佳彦です。尖閣諸島のほとんどを埼玉県に住む一般の方が所有していましたが、その人に交渉し、民間が所有していた魚釣島、北小島、南小島の3島を日本政府が買い取ります。金額は20億5000万円と報道されました。この時点で、尖閣は国有化されたのです。

野田政権は東京都による購入を阻止し、日本の実効支配強化が進むことに反発する中国を抑えようとしたのでしょう。

ところが逆効果でした。日本による〝国有化〟に対して、中国は大反発したのです。中国にとって、日本による尖閣諸島の国有化は絶対に許してはいけない事態でした。このときまでは現実的には尖閣は日本が実効支配しています。これ以前には、中国公船の侵入はほとんどありませんでした。

ところが、日本が国として土地を買い取ったのです。中国は黙っているわけにはいきません。中国の各地で反日デモが起こりました。

2012年9月、日本が尖閣を民間から買い取ると、案の定、中国国内は大変なことになりました。デモは北京の日本大使館前で始まり、広東省の広州や深圳、上海、浙江省杭州……など57都市に広がり、8万人を超える規模に発展しています。それらはやがて暴徒化して、手の付けられない状況になりました。

私も中国人を装って広州のデモを取材しましたが、それはすさまじかったです。

人が密集して、日本領事館の手前で身動きがとれない状況になりました。

うしろから、ペットボトルや缶や瓶が飛んできます。その都度、自分が日本人であることが見破られたのではないか、バレたら暴行されるのではないかという恐怖に怯えました。日系企業は放火され、略奪されました。私自身日本食レストランが無残にも破壊されるシーンを目撃しています。次々と暴徒たちが侵入して、内側から窓ガラスが割られ、テーブルや椅子を外に投げていました。

日本が尖閣諸島の土地を購入した2012年、日中関係悪化は次の段階に進みました。それは、防衛省や海上保安庁が発表しているデータからも明らかです。2012年1月から8月までの間に、尖閣諸島周辺（接続海域内）で確認された中国公船は合計21隻でした。それが、9月だけで81隻、11月は124隻に激増。その後は今日まで絶えることなく続いています。中国船舶のサイズも変わりました。かつては小型船が目立ちましたが、現在では大きな船舶が尖閣周辺に現れています。

日本の領海への侵入は、習近平が日本を威嚇することによって、強い政治をアピール、政権の基盤を固めることに利用しているという報道もされました。

# 中国海警局の船舶などの尖閣諸島周辺における活動状況

## ■ 接続水域における確認状況

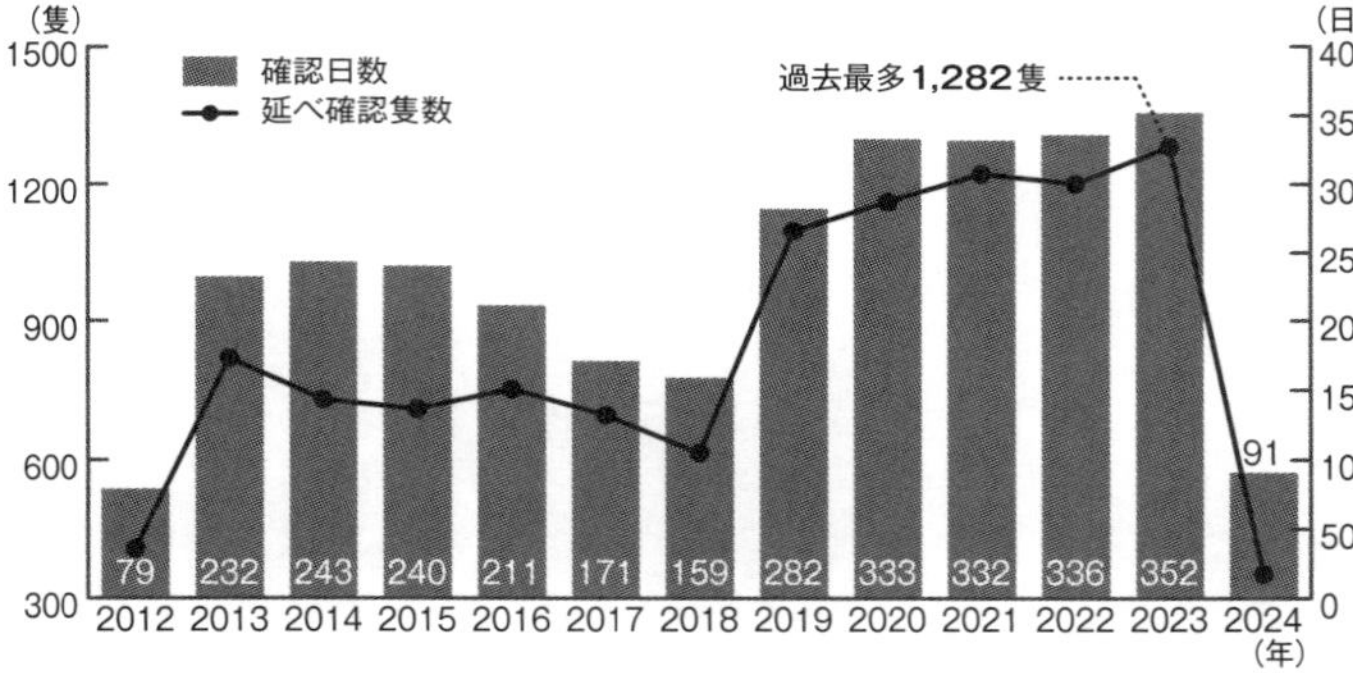


中国海警船の活動については、2020年以降、ほぼ毎日接続水域内で確認されているといえる。2023年には確認できた日数が352日、船舶数が延べ1,282隻で、いずれも過去最高となった。（※2012年は9月以降、2024年は3月末時点）

## ■ 領海への侵入日数

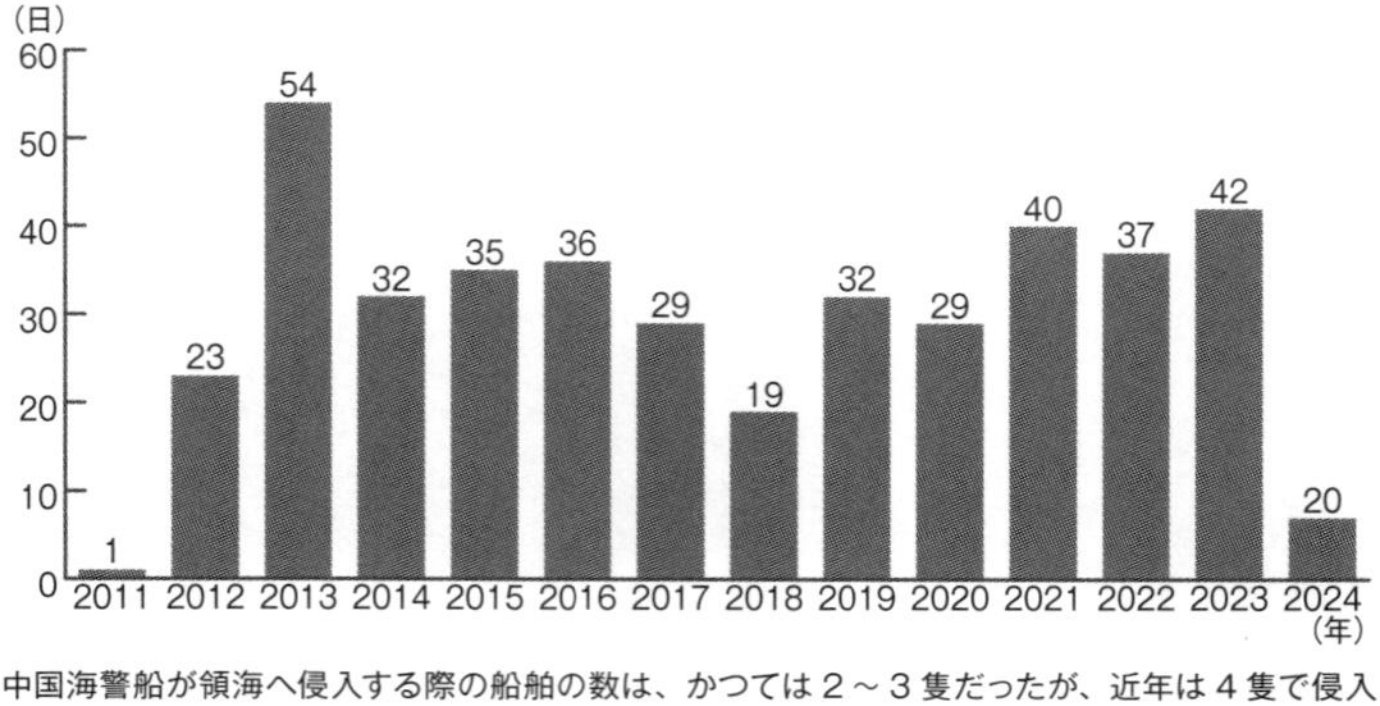


中国海警船が領海へ侵入する際の船舶の数は、かつては2～3隻だったが、近年は4隻で侵入することが多くなった。また、2015年12月以降、砲のようなものを搭載した船舶も繰り返し領海へ侵入している。2023年には、80時間以上継続して領海内を航行したこともあり、過去最長となった。（※2024年は3月末時点）

『防衛白書』（2024年版・防衛省）のデータを基に作成

野田政権は無駄に中国を刺激してしまった。東京が尖閣を買うと言うならば、買わせてしまう、あるいは別の判断をすればよかった。国が買うという野田の行いが中国を激しく刺激してしまいました。

ただ、もちろん野田は石原を止めようとはしています。野田の側近だったのが長島昭久です。当時は総理大臣補佐官、それまでに防衛副大臣などを歴任し、石原慎太郎の次男・良純と同級生で選挙を手伝ったこともあります。野田は長島を石原のもとへ送り、東京が尖閣を買わないように頼んだようです。長島への期待は大きかったはず。しかし、石原はかたくなでした。決して首を縦には振りませんでした。

あせった野田は、尖閣の国有化という最悪のカードを切ってしまいました。それまで堅持していた尖閣の実効支配を結果的に脅かすような政策を講じてしまったわけです。明らかに読み違いです。

石原も本心はおそらく尖閣を守りたかったのでしょう。ところが、野田によって逆の状態になってしまいました。東京都が購入するというアイデアは刺激的でしたが、誤りだったと言わざるを得ません。残念ながら、それまで盤石だった日本の尖

## 中国海警船の勢力増強

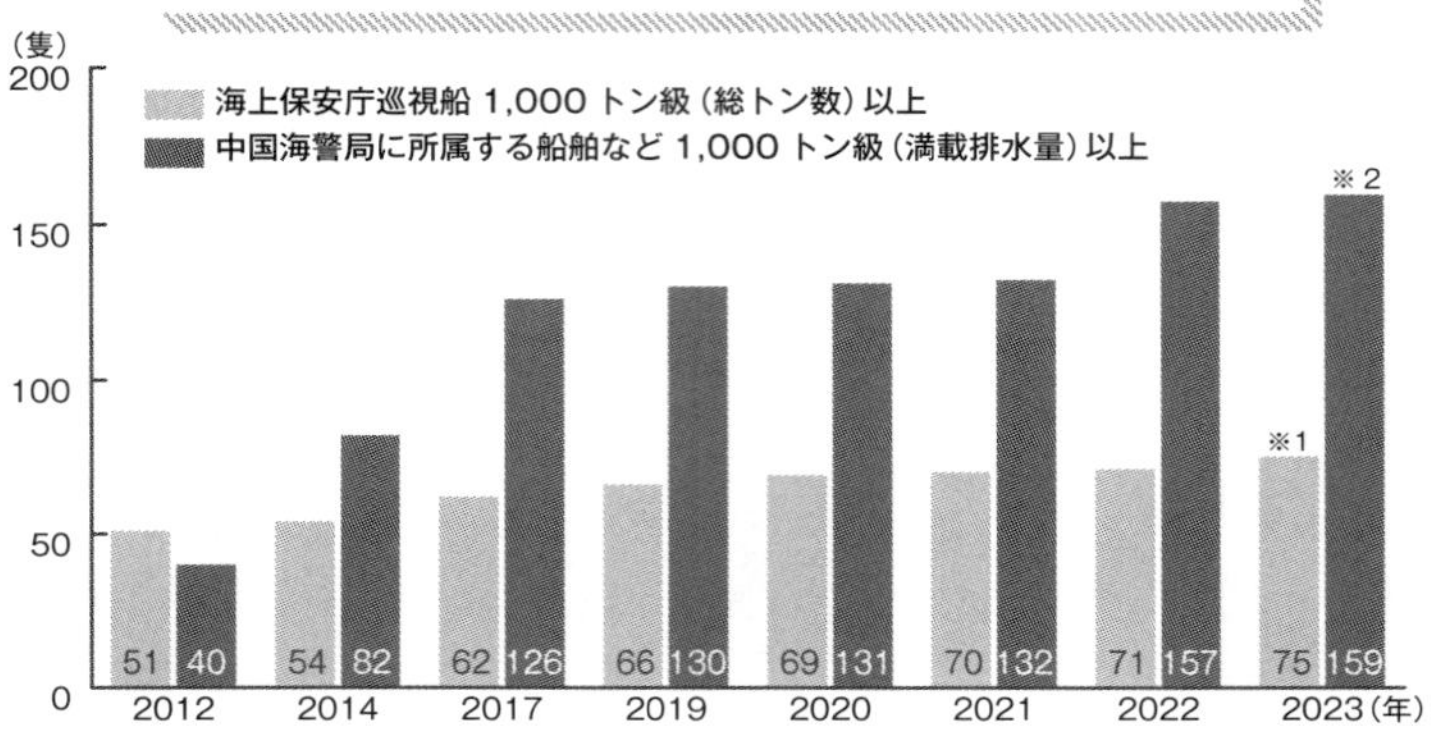


（※１）2023 年度末の隻数。（※２）2023 年12月末現在の隻数 公開情報を基に推定（今後、変動の可能性あり）。
『防衛白書』（2024 年版・防衛省）のデータを基に作成

閣支配が今揺らいでいることは間違いのない事実です。

政治というものは、あくまでも結果で評価されるものですから。

## 人民解放軍の実力

「中国は軍備増強や海洋進出を背景に、近い将来日本に攻めてくる」

そう言って怯える人は少なくありません。

もちろん、油断してはいけない。過小評価してはいけない。でも、中国を過大評価してもいけません。人民解放軍の総兵力は２０４万人とされています。すごい数です。では、日本にとっ

## 中国の主な航空戦力（第4・5世代戦闘機）

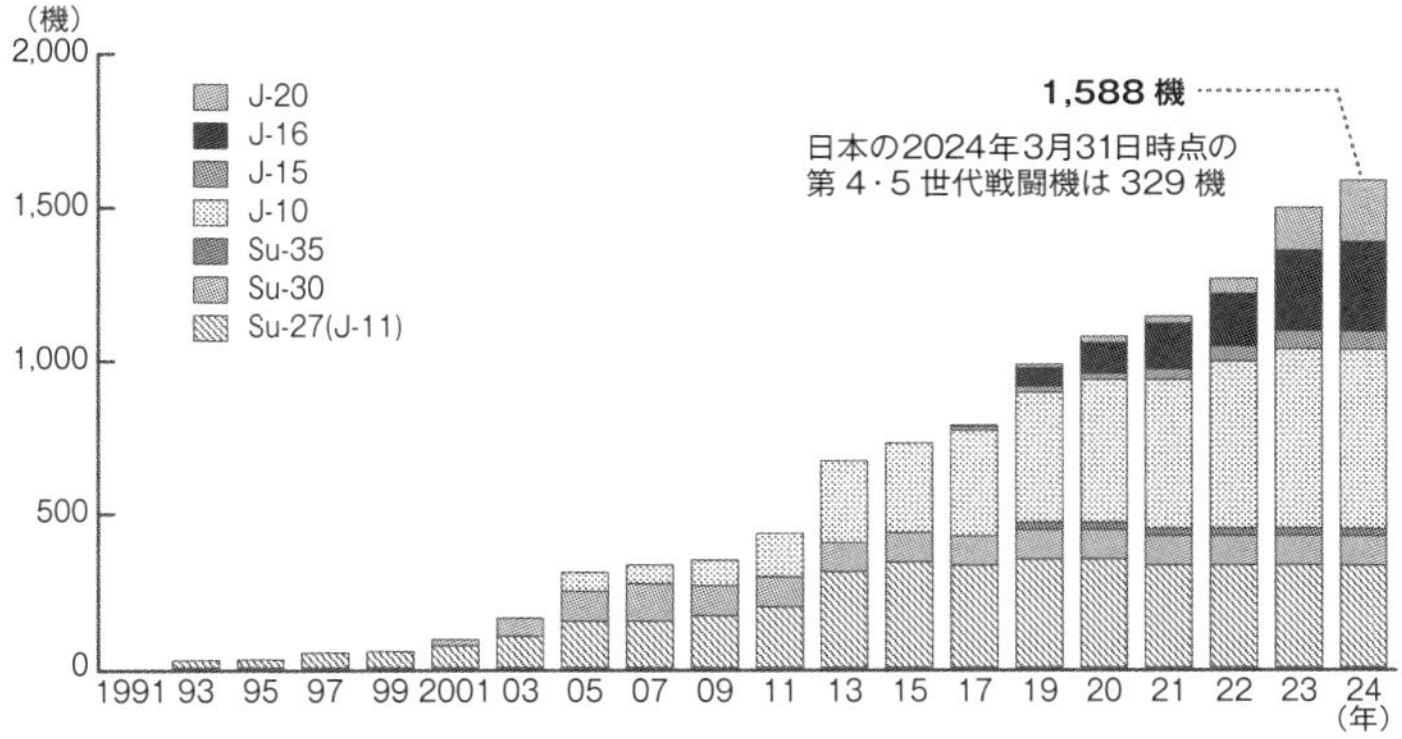


『防衛白書』（2024 年版・防衛省）のデータを基に作成

て脅威なのかというと、兵力だけで判断することはできません。よく目にする尖閣諸島をいきなり占領するシミュレーション画像はどれも刺激的ですが、そもそも人民解放軍は日本を攻める能力があるのか、攻めてくるとしたらその動機やメリットは何なのか……。

尖閣を占領したら、中国は世界の主要国のほとんどから非難されるでしょう。世界で孤立して、おそらく経済的な制裁も受けるでしょう。

そこまでの覚悟であの小さな無人島群を占領するメリットが中国にあるかというと、なかなか思いつきません。それにもし占領したとしても、日本の海上自衛隊はぐるりと海上封鎖するでしょう。そのくらいの戦力は十分に所持しています。その結果、人民解放軍は補給を断たれて兵糧攻めになる。そんなリスクをとる理由が中国にはありません。

では、空はどうか？ 制空権を維持できるのでしょうか。

自衛隊の主力戦闘機はアメリカ、ボーイング社のF-15イーグルとロッキード・マーティン社のF-35ライトニングⅡ、三菱重工のF-2。どちらも、高い機動性と加速、航続距離、武装を備えた戦闘機です。

人民解放軍の主力戦闘機はJ-10とJ-20です。いずれも国産で、J-10はロシア産を模倣したとされるJ-11やJ-16と共に量産されています。J-20はステルス性を有する第5世代の戦闘機です。

2024年11月には、最新鋭のステルス戦闘機の「J-35A」が公開されました。投入の時期や場所は不明ですが、将来的には空母に搭載されるともいわれています。

人民解放軍の第4・5世代戦闘機の数は2024年時点で1588機、日本は329機。中国の戦闘機が全部攻めてきたら勝ち目はないではないかともいわれます。でも、中国の全戦闘機が尖閣を取るために日本を攻めるでしょうか？ 攻めるだけの価値が、尖閣にあるでしょうか？ それは疑問です。
どう見ても、尖閣をめぐる日中の戦争は考えづらい状況です。

## 中国は台湾統一に動くか？

すでに述べた通り、中国が尖閣諸島を欲しがる理由は、天然資源だけではありません。台湾と事を起こすことになったときの拠点としても魅力を感じています。尖閣は沖縄本島と台湾を結ぶ線上にあり、しかもやや台湾寄りに位置し、これ以上ない絶好のロケーションです。

習近平は国家主席在任中にどうしても台湾統一を実現したい。悲願です。中華人民共和国の歴史上、習近平は毛沢東や鄧小平に並ぶ最高指導者ということになっています。実際に、2人と同等かそれ以上の権力を手に入れ、影響力も持っています。しかし、実績ではまだ2人にはおよびません。

毛沢東は中華人民共和国を建国しました。鄧小平はイギリスから香港を回収しました（中国では国や地域を取り戻すことを「返還」ではなく「回収」や「復帰」といいます）。習近平が歴史にその名前を深く刻むには、台湾を統一することが一番現実的です。

社会主義の中国と資本主義の台湾が本気で戦うことになったら、日本も他人事ではいられません。中国は当然、アメリカや日本が台湾を援護しないようにけん制するでしょう。中国本土には数多くの日本企業が進出しています。そこに駐在する日本人は事実上人質状態になります。

とはいえ、中国が台湾を爆撃し、ミサイル攻撃をするとは考えづらい状況です。焼け野原になって各種産業が機能しなくなった台湾を統一しても、中国にも習近平にもうまみはありません。

中国のミサイルの精度についても疑問です。たとえば、ウクライナへ侵攻したロシアのミサイルは精度が低かったために、相手の軍事基地を狙ったにもかかわらず病院に当たり、一般市民を巻き込んだことで世界中を敵にまわしました。中国のミサイルの精度がロシアと同じかそれ以下だとしたら、台湾の一般市民を傷つけてし

## 中国の軍事力

| | | |
|---|---|---|
| | 総兵力 | 約 204 万人 |
| 陸上戦力 | 陸上兵力 | 約 97 万人 |
| | 戦車等 | 99/A 型、<br>96/A 型、<br>88A/B 型など<br>約 5,950 両 |
| 海上戦力 | 艦艇 | 約 690 隻<br>約 236 万トン |
| | 空母・駆逐艦・フリゲート | 約 100 隻 |
| | 潜水艦 | 約 70 隻 |
| | 海兵隊 | 約 4 万人 |
| 航空戦力 | 作戦機 | 約 3,200 機 |
| | 近代的戦闘機 | J-10（588 機）<br>Su-27/J-11（327 機）<br>Su-30（97 機）<br>Su-35（24 機）<br>J-15（60 機）<br>J-16（292 機）<br>J-20（200 機）<br><br>第 4･5 世代戦闘機<br>合計：1,588 機 |
| 参考 | 人口 | 約 14 億<br>2,000 万人 |
| | 兵役 | 2 年 |

## 台湾の軍事力

| | | |
|---|---|---|
| | 総兵力 | 約 17 万人 |
| 陸上戦力 | 陸上兵力 | 約 9 万 4 千人 |
| | 戦車等 | M-60A3、<br>CM-11 など<br>約 750 両 |
| 海上戦力 | 艦艇 | 約 150 隻<br>約 21 万トン |
| | 空母・駆逐艦・フリゲート | 約 30 隻 |
| | 潜水艦 | 4 隻 |
| | 海兵隊 | 約 1 万人 |
| 航空戦力 | 作戦機 | 約 470 機 |
| | 近代的戦闘機 | ミラージュ 2000（54 機）<br>F-16［改修 V 型］（140 機）<br>経国（127 機）<br><br>第 4 世代戦闘機<br>合計：321 機 |
| 参考 | 人口 | 約 2,360 万人 |
| | 兵役 | 1年<br>※ 2018 年末より志願兵制に移行（適齢男性に対する 4 か月の軍事訓練義務は維持）していたものの、2024 年より適齢男性に対する兵役を再開。 |

『防衛白書』（2024 年版・防衛省）のデータを基に作成

## 中国の主な海上戦力

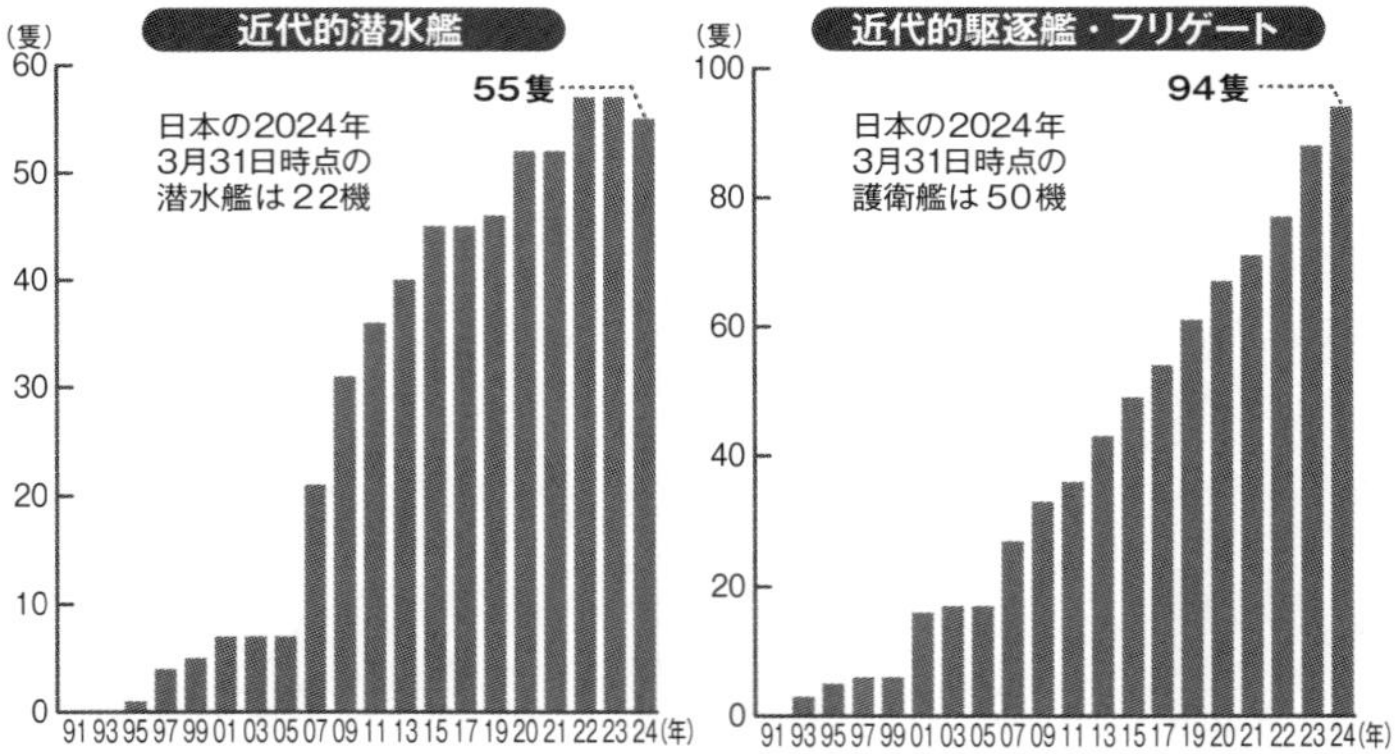

『防衛白書』（2024年版・防衛省）のデータを基に作成

まうでしょう。

そんな状態になると、中国は当然世界中を敵にまわすことになるでしょう。おそらく国内からも批判を浴びます。中国人にとって、台湾人は自分たちと同じ中国人です。中には血のつながりを持つ人もいます。

その台湾に攻撃を仕掛けるのは、無辜《むこ》の民どころか、同胞を殺そうとすることになります。大義名分をもち、よほど上手にやらなければ、習近平は歴史に悪名を残すことになるでしょう。そんなリスクはとらないはずです。

人民解放軍は、３隻の空母を持っています。「遼寧」「山東」「福建」です。そのうち、３隻目の福建は、ほかよりも大型で空母としてより

## 中台の近代的戦闘機の比較と推移

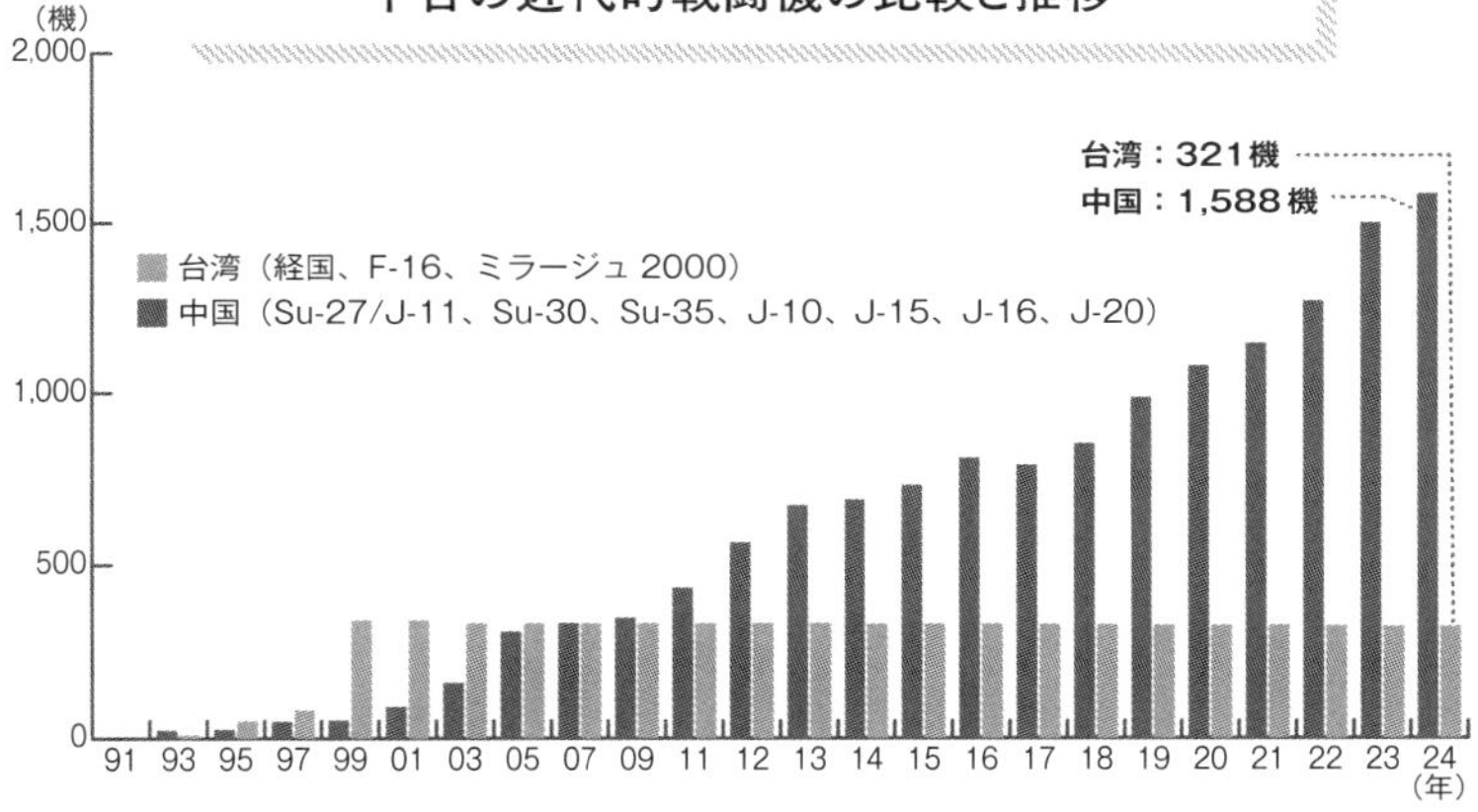


『防衛白書』（2024年版・防衛省）のデータを基に作成

能力の高いものと見られています。また、先に述べた通り、戦闘機も増産されていますし、近代的潜水艦や駆逐艦・フリゲートの数も増えています。

台湾の戦闘機は改良型F-16、ミラージュ2000、経国などで、第4・5世代の戦闘機の数は321機。中国の空海軍の戦力増強が進められる一方、台湾も特別な予算を設けるなどし、戦力強化を図っています。

また、台湾の中華民国軍には、特別兵器があります。地対空弾道弾迎撃ミサイル「天弓」です。強そうな名前ですが、I型、II型、III型とシリーズ化されていて、台湾全土に配備を進めています。

## 中国の公表国防費と予算の推移

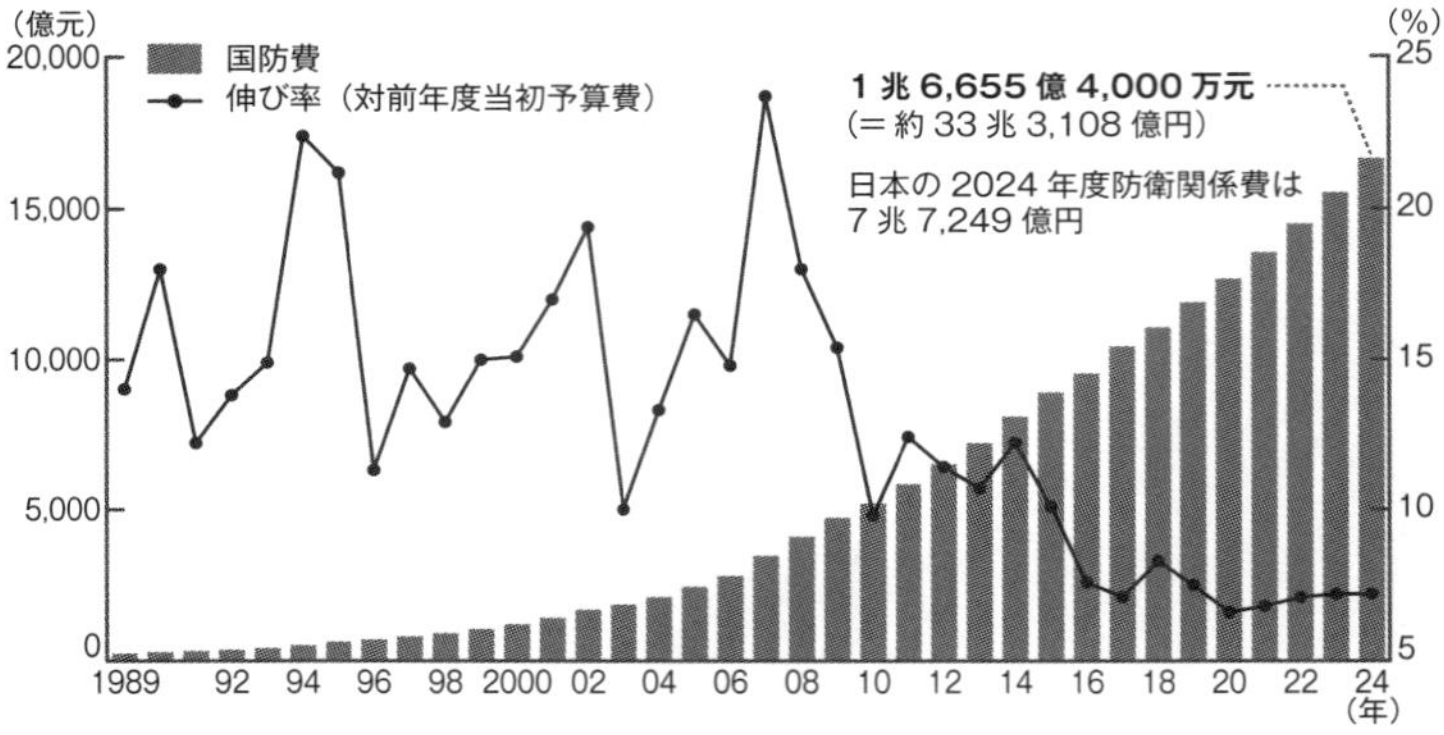


『防衛白書』(2024年版・防衛省)のデータを基に作成

兵力や兵器の数、国防費だけを見ると、中国が有利にも見えますが、簡単に台湾を統一できる状況にはないと考えています。台湾が粘って長期戦になればなるほど、台湾側には西側諸国からの援護も増えていくでしょう。そのあたりの事情を習近平は十分に理解しているはずです。ただしそれらは、あくまでも現状です。中国は毎年、国防予算増額をはかっています。2024年の中国の国防費は台湾の約17倍です。今後はいっそう中国が強くなっていくはず。2022年から2024年にかけては、台湾周辺の海・空域での軍事演習も繰り返されています。決して油断はできません。

習近平は一人独裁政治体制を築きました。

英雄として中国の歴史に名を刻むために、どこかのタイミングで台湾統一に具体的な行動を起こす可能性は低くありません。台湾は中国に簡単にやられることはないでしょうが、台湾に対して何かしらの行動を起こすとしたらそれはいつなのか、油断してはいけません。なにしろ独裁者です。

そして、万が一中国が日本に攻めてきても、極端に劣勢となることもないでしょう。ただし、それはあくまでも戦力的なことです。

日本は圧倒的に戦争の経験が足りません。１９４５年に太平洋戦争が終結してから一度も戦ったことがない国です。軍隊にとって、実践経験の有無は戦う際に非常に重要な要素となります。

今後も日本が戦わずにすむことを願うばかりです。

## 2022年からくり返される台湾周辺における軍事演習

### 2022年8月

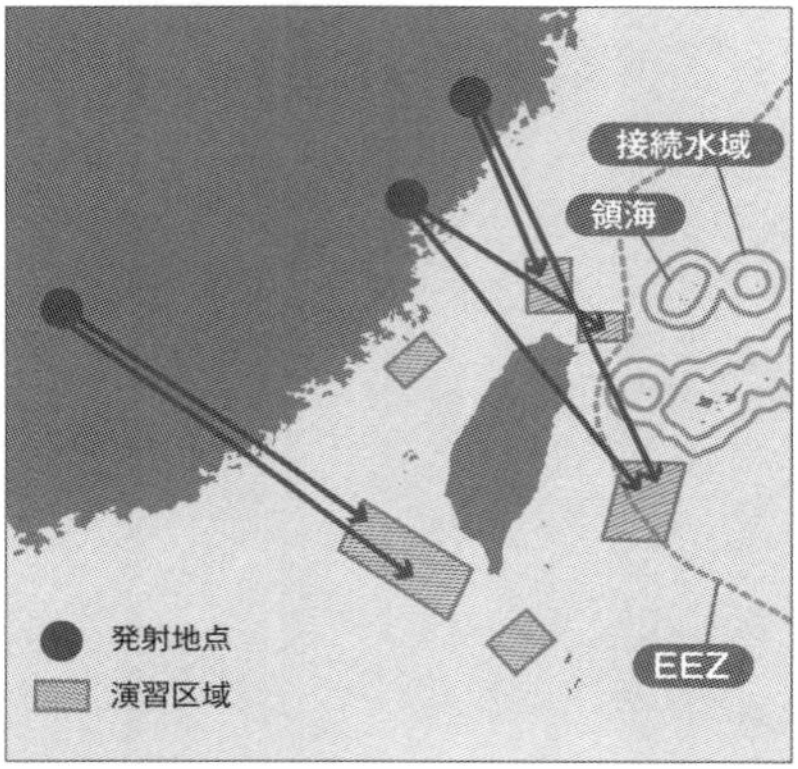


防衛省発表の資料等を基に作成

2022年8月4日、中国は9発の弾道ミサイルを発射し、そのうち5発は日本のEEZ内に落下したと推定された（左）。翌2023年4月8日から10日までの間にも台湾の海峡および空海域において軍事演習を実施している。このことについて中国側は「"台湾独立"分離主義勢力が外部勢力と結託して挑発することに対する重大な警告であり、国家の主権と領土の一帯性を守るために必要な行動である」と説明した。

### 2024年5月

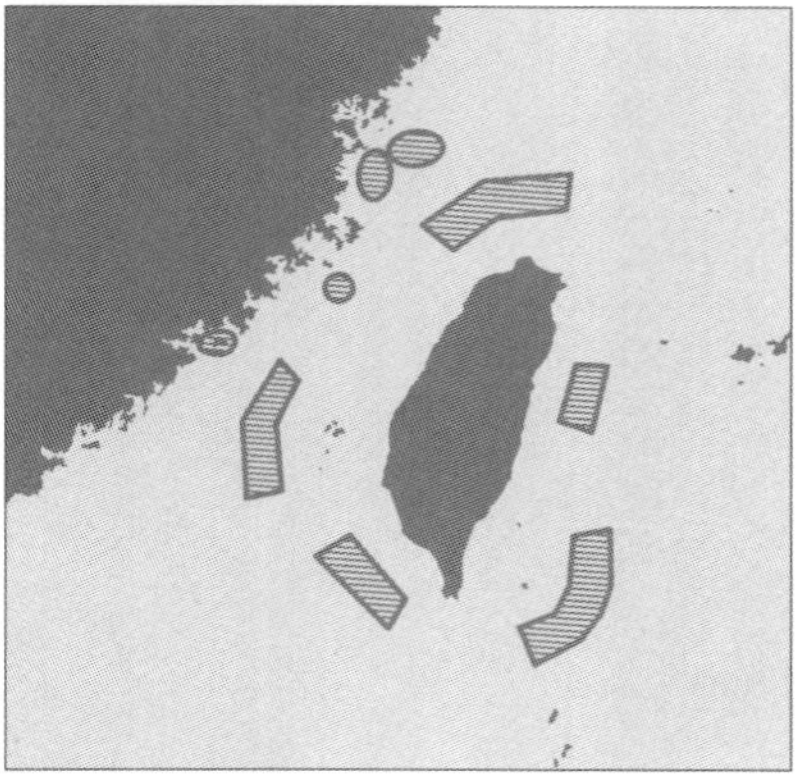

防衛省発表の資料等を基に作成

2024年には、5月23日から24日にかけて、台湾周辺の海・空域で軍事演習が実施された。この演習は、台湾を囲むかたちで行われた3回目に位置付けられている（左）。2022年よりも演習区域が拡大しており、このときの区域と重ね合わせると、2022年の区域の隙間を埋めているようにも見える。さらに、2024年10月14日にも大規模な軍事演習が実施され、参加した中国の軍用機は、1日としては過去最多の125機に上ったとされている。

# 中国の経済事情

第3章

知って
おくべき!

# 大躍進政策と文化大革命の惨状

中国の経済についても、まず、中華人民共和国建国以降の大きな流れをおさらいしておきましょう。

中国は、中国共産党が統治しています。そのため、建国した１９４９年から１９５０年代は、当然のことながら共産主義を強力に目指しました。

しかし、失敗でした。

共産主義の経済が失敗するのは、ある程度世界中が予測できていました。共産主義は、どれだけ努力しても平等で、努力している人も怠けている人もその報酬はほとんど同じという社会の仕組みです。国民に頑張るモチベーションがありません。

共産主義社会では儲けたら全部国に渡しなさいという発想なので、国民はやる気が出ません。汗水をたらして働いても、縁側で昼寝をしていても、人生は変わらないのですから。

毛沢東はソ連のスターリンをお手本にして、共産主義の国をつくろうとしました。国民みんなが平等な社会をつくりながら、経済的にも豊かになろうとしたのです。それが「大躍進」政策でした。鉄鋼や食糧の大増産を目指し、毛沢東は、1958年の党大会で「15年でイギリスに追い付き、追い越す」と高らかに宣言しました。

ところが、大躍進は失敗に終わります。

大躍進政策では、農民から土地や家畜などを取り上げ、「人民公社」という組織に所属させ、生産や生活までも徹底して集団化しました。また、まともな設備や技術がないまま、鉄鋼の増産を促しました。その結果、土地が公有となった農民の生産意欲は低下し、鉄鋼は粗悪品ばかりが作られたのです。

大躍進政策の1つに変わったエピソードがあります。毛沢東は食糧増産のため、穀物を食い荒らしたり疫病の原因とされていた、ネズミ、ハエ、蚊、スズメを駆除しようと提唱します。中でも最大の駆除の対象となったスズメ退治のやり方はなかなか原始的でした。

国民は鍋やドラなどの金物や太鼓をガンガン叩いてスズメを脅かし、ストレスを与え、木の枝で休む間を与えなくします。巣は落とし、卵は割り、ヒナは殺し、あんな小さな生き物に向けて、銃で撃つこともやりました。危険極まりない駆除方法ですが、スズメの個体数は激減しました。

ところが、虫、特にバッタが大量発生します。捕食していた天敵が駆除されたからです。バッタの大群は田畑を襲いました。この事態に中国政府は慌ててソ連からスズメを大量に輸入しています。そのようなこともあって、深刻な食糧不足に陥り大飢饉が起こりました。大躍進政策が始まった1958年から62年までに、3000万人の死者が出たともいわれています。

追い込まれた毛沢東は、1959年に国家主席から降り、劉少奇《りゅうしょうき》、鄧小平という後継者に国政を引き継ぎました。この2人ならある程度自分の思うままにコントロールできると判断したのでしょう。

ところが、この2人は当然共産主義による経済運営の限界に気付いているわけです。中国はこのままでは立ち行かないと判断。資本主義、市場経済を取り入れます。

写真：CPA Media Co., Ltd. / Universal Images Group／共同通信イメージズ

## 紅衛兵

文革の政治闘争において毛沢東を支持､個人崇拝する学生たちによって｢紅衛兵｣が組織された。彼らは毛沢東に忠誠を尽くし、革命に反すると見なした党幹部や地方役人を迫害、トラックで市中を連れ回すなどして吊し上げを行った。また、「古いものを壊し、新しいものを打ち立てる」というスローガンを掲げ、守旧派とされた学者や文化人の思想を打破すべく追い込み、文化財などを破壊した。紅衛兵によるこれらの暴力を伴った活動により、中国は大混乱に陥った。

## 彭徳懐の吊し上げ

1898年、毛沢東と同郷の湖南省生まれ。日中戦争、朝鮮戦争を戦った建国の英雄だが、大躍進運動で毛に意見して失脚。写真は、文革中、紅衛兵に吊し上げられる彭徳懐。

しかしそうしている間にも、国内の餓死者は増えていきました。

毛沢東の権威は失墜したかに見えました。ここで毛は乾坤一擲《けんこんいってき》の大勝負に出ます。奪われた権力を取り戻すための巻き返し策として発動したのが「プロレタリア文化大革命（文革）」です。

劉少奇や鄧小平には実権派、あるいは走資派、つまり資本主義を行う者というレッテルを貼り失脚させ、共産主義に反対の立場をとる政治家や知識人は次々と投獄されたり、迫害により死に追いやられたりしました。

中国の南部、ベトナムと国境を接する地域にある広西チワン族自治区には、同じく文革の時代、子どもを食べていたという報告があります。古くから伝わる人肉食のレシピがあり、それにしたがって調理して食べていたようです。

中国の儒教の教えでは、自然災害などで餓死しそうになったときには、子どもを食べてもいいとされています。親は子を取り込んでまた次の子を産む。生命の循環に則っているという考え方です。親は再生しないため循環のルールに反するので、子が親を食べることは許されません。

しかし、どんなに飢餓状態であっても、自分の子どもを殺して食べることには大変な苦しみがあるでしょう。そのため、自分の子ではなく、家族同士で交換して食べていました。

文革では、推定で数百~1000万人が亡くなったとされています。

文革は、共産主義が掲げる平等を無理やり実現しようとしたものです。

したがって、給料も平等でなければなりません。この頃、「やっても36元、やらなくても36元」という言葉も生まれます。仕事をしてもしなくても、月給は36元だという嘆きの言葉です。

こうした悪平等により、生産性は極度に悪化します。そういった混乱によって、毛沢東が死ぬまでの約10年で、中国の経済はボロボロになってしまいます。

そして中国の経済は、1976年9月の毛沢東の死後、再スタートを模索し始めたのでした。

知って
おくべき!

# 鄧小平による改革開放政策

毛沢東の大躍進政策や文革によってボロボロになった中国の経済が、どの時点から回復し始めたのかは様々な意見があります。

一般的には、鄧小平が1978年に「改革開放政策」を始めたときからといっていいでしょう。

改革開放政策では、毛沢東がつくった人民公社を解体、税制優遇や規制を緩和し、海外資本を受け入れることのできる経済特区を沿岸部に設置しました。第1章でも触れましたが、このとき深圳に経済特区を設置したのが、習近平の父親・習仲勲です。

自由に農業ができるようになったことで生産性は向上、経済特区の設置により海外資本が積極的に導入され、市場経済へ移行します。つまり〝儲けちゃいけない〟という社会主義の経済システムを変えようとしたのです。

ただし、「ちょっとなら儲けてもいいんだよ」と言われても、国民は鵜呑みにはしません。儲けようとなんかしない。ついこの前まで「儲けちゃいけない」と言われて、捕まったり殺されたりしていたのですから、政府の言うことなど簡単には信じません。それに「ちょっとなら儲けてもいい」という〝ちょっと〟のさじ加減も曖昧です。

そこで鄧小平は、1987年の党大会で「これは社会主義初級段階」だとアナウンスしました。要するに、今は社会主義の初級段階だから、社会主義と市場経済、つまり資本主義が少々混ざってもいいんだ、と言ったのです。そして「個体戸」といわれる私企業、つまり個人商店規模の会社ならつくっていいとしました。儲けても罰せられないとわかったとたん、国民はみんな金儲けを始めました。それはそうでしょう。本心は金儲けが好きでしかたがないわけですから。殺されるかもしれないという恐怖があって、我慢していただけですから。

これが、今の中国の経済的豊かさを実現する「社会主義市場経済」のはじまりです。働いて儲ける喜びを知ると、社会は思い切り躍動します。中国の当時の人口は約

11億人です。マーケットの規模は大きい。大変な数の人が儲けに向かって活発に動き始めました。しかし、国民の生活水準がよくなった一方で、経済格差も著しくなりました。お金というのは、持ち過ぎると人間を腐敗させる特徴があります。まず、金持ちと役人が結託し、賄賂が横行します。

金持ちは優位に事を進めようとして、役人はそこから搾取しようとする。すると、儲かっていない、まじめに暮らして食べることにも苦労している人たちが黙っていられなくなる。そこで起きたのが、１９８９年の天安門事件でした。学生をはじめ、多くの国民が政府に反旗を翻したのです。

## 儲けることの喜び

「腐敗撲滅」――それが、天安門事件ではスローガンの1つでもありました。賄賂が横行するのは市場経済を取り入れたからで、文革までのみんなが貧しい時代には賄賂なんてなかった……なので、天安門事件を武力鎮圧した後は、一度社会

**天安門事件**

1989年4～6月、学生や市民が民主化を求め天安門広場に集結した。これに対し中国政府は、戒厳令を布き人民解放軍を動員。6月3日の深夜から翌4日にかけて、戦車や銃によって学生や市民に発砲、1000人以上の死者が出たともいわれている（中国当局の発表では死者数は319人）。写真は、天安門広場に近い長安街で、戦車の列に一人で立ちはだかり、前進を阻止しようとする男性（左下）。その後戦車は向きを変え男性は無事だった。

写真：ロイター＝共同

主義経済へと揺り戻しが起こります。

経済的に保守志向、つまり市場経済を捨てて、社会主義に回帰しようという動きが中国共産党内部で起きました。市場経済を突き進んでいくと、貧富の差が拡大し再び天安門事件のようなことが起きて、中国共産党の統治が危うくなるかもしれないと考えたのです。しかしこのとき、改革開放を推し進めてきた現実主義者の鄧小平が再び巻き返しに出ます。

1992年の初めに、90歳近い高齢を押して、武漢、深圳、上海などを視察した鄧小平が発表した声明が南巡講《なんじゅんこう》話《わ》でした。中国南方を視察して、各地でスピーチしたのです。それは、次のような内容です。

深圳では、「発展が絶対的道理だ。深圳の発展は、現実に基づいて仕事をした結果だ」と述べ、珠海では、「改革開放に反対するものは、誰でも失脚する」と保守派を批判しました。特に、この誰でも失脚するという言葉は、原文で「只能是死路一条」（死の路へ進むしかない）という強い表現を使っており、これを聞いた北京の政権幹部は震え上がります。

このとき鄧小平は、すべての役職を引退した一介の共産党員に過ぎませんでした。しかし、革命を戦い抜き、1949年の建国時にはすでに元勲として君臨していた鄧の威光は、中国国内で健在でした。すぐに人民解放軍が鄧の意向に賛意を示し、北京の政府もこれに追随します。

鄧小平の演説後に中国はあらためて市場経済に向かいます。「金儲け」「金儲け」「金儲け」と叫んで、2000年くらいには経済大国へ向けてテイクオフします。

私はこの時期、1994～98年まで北京特派員として中国で暮らしました。日本のメディアの記者たちは、1989年に起きた天安門事件の負の印象が強過ぎて、「自国民を平気で殺害する中国共産党に未来はない。その中国共産党が統治する中国が発展することもない」とよく話していました。心の奥でそう思っているので、いきおい、日本に送る記事も中国のネガティブな側面を捉えたものばかりになります。

しかし実際には、鄧小平の発展にかける情熱と深謀遠慮《しんぼうえんりょ》は、想像を超えるものがあり、中国経済は２０００年頃のテイクオフに向けて全力で滑走路を駆けていたのです。その意味で、在中国の日本メディアは日本に消極的誤報を送り続けていたことになります。中国を客観的に見る目を持つことがいかに難しいかを表しています。

１９８０年代の中国では〝万元戸〟といって、年収が1万元を超えた人は金持ちという認識でした。その頃の1元は、日本円では20円くらいの感覚なので、1万元は20万円程度。20万円を持っている人が大金持ちだったのです。

ところが１９９０年代後半になると、今度は〝億元戸〟といって、1億元、つまり20億円を持っている人が金持ちといわれるようになりました。経済が大きく発展したわけです。こうして加速度的に市場経済が進みました。

そして１９９０年代の終わり頃から、世界的にＩＴ産業が活性化します。中国も例外ではありませんでした。

## 一足飛びに進化した通信機器

1990年代のITの進歩を日本では「IT革命」といいましたが、中国でも同じ状況が起きています。IT革命に乗り遅れるなという勢いで、進化していきます。中国の経済成長のスピードは、電話機の進化に如実に表れています。

日本では固定電話が通信の主流だった時代が長く、同じ時期に公衆電話も利用されていました。それが、今は〝ガラケー〟と呼ばれる携帯電話が主流となり、スマートフォンへ移行しました。1980年台後半から2000年代初頭にかけては、ポケットベルやPHSを利用していた人も多かったでしょう。

1990年代、私が見た中国では、そもそも固定電話を持つ家庭は少なく、北京や上海でも、日本でいう公衆電話のような共用の電話が主流でした。普通のプッシュ式電話が10台くらいまとまって同じ場所に置かれていて、そこで電話をかけていました。通信費は安く、1回の通話で2角（1角は1元の10分の1、当時の日本円で

4～5円程度）もかかりませんでした。

1990年代にはすでに携帯電話がありましたが、普及したのは2000年代前半で、その後2011年にはスマートフォンがブレイクします。この急速な進化によって、中には固定電話を持たないまま、一足飛びにスマートフォンを手にした中国人もいたでしょう。

このような経済成長の中、2010年には、GDPが日本を抜いて一気に世界2位になるわけです。

ただし忘れてはいけないのは、中国人の人口が日本の11倍という事実です。GDP全体で、中国は確かに日本を抜きました。しかし、人口は日本の11倍です。つまり、国民一人当たりが生み出す数字は比較になりません。国民一人ひとりは、日本人のほうがはるかに豊かさを感じているということになります。

なので、国全体のGDPで抜かれても極度に心配する必要はありません。人口14億人の経済規模ですから、GDPも大きいのが当たり前です。これまで人口の少ない日本よりも下だったことが低すぎたのです。

## GDP推移の比較（アメリカ・中国・日本）

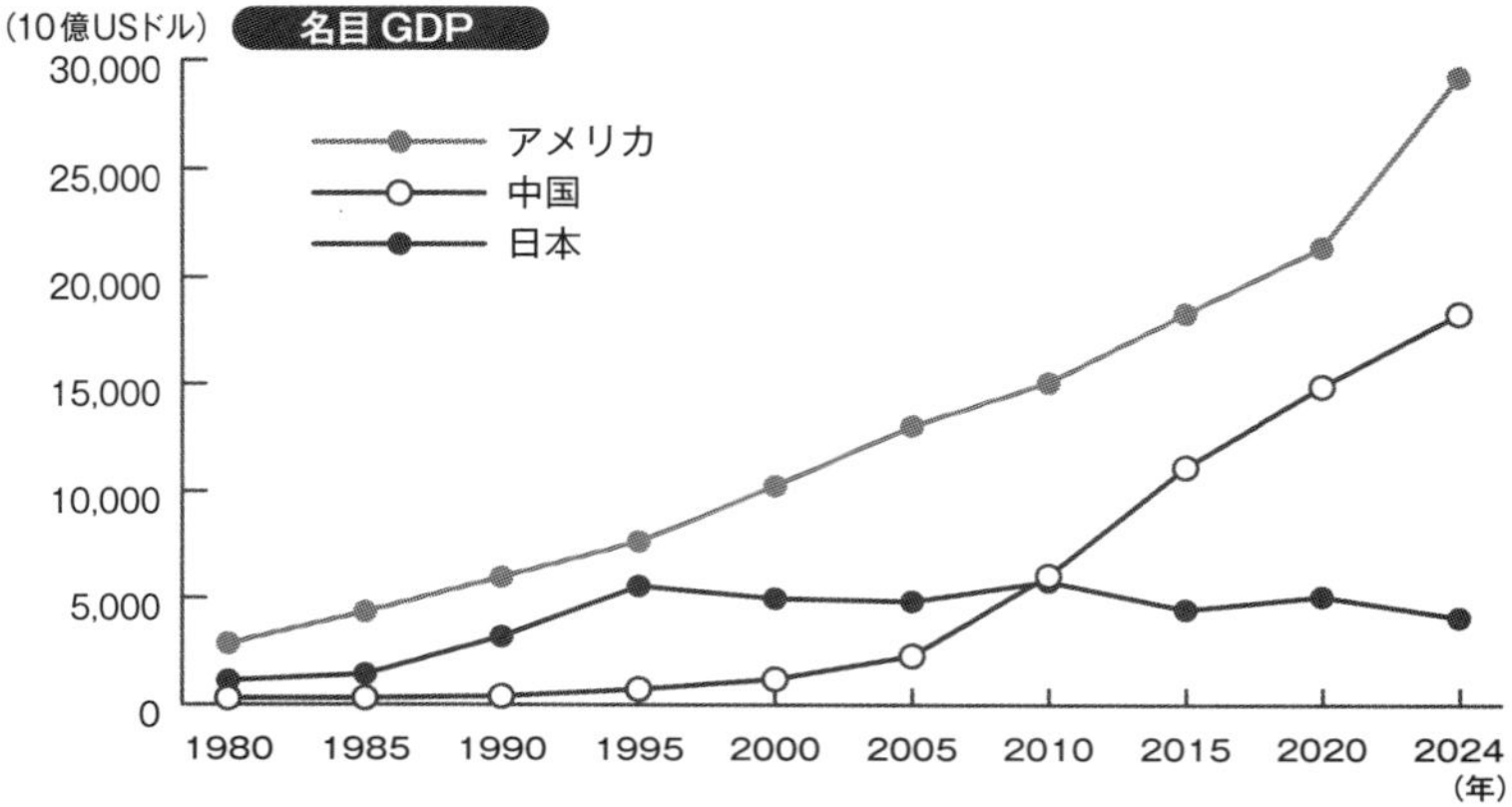


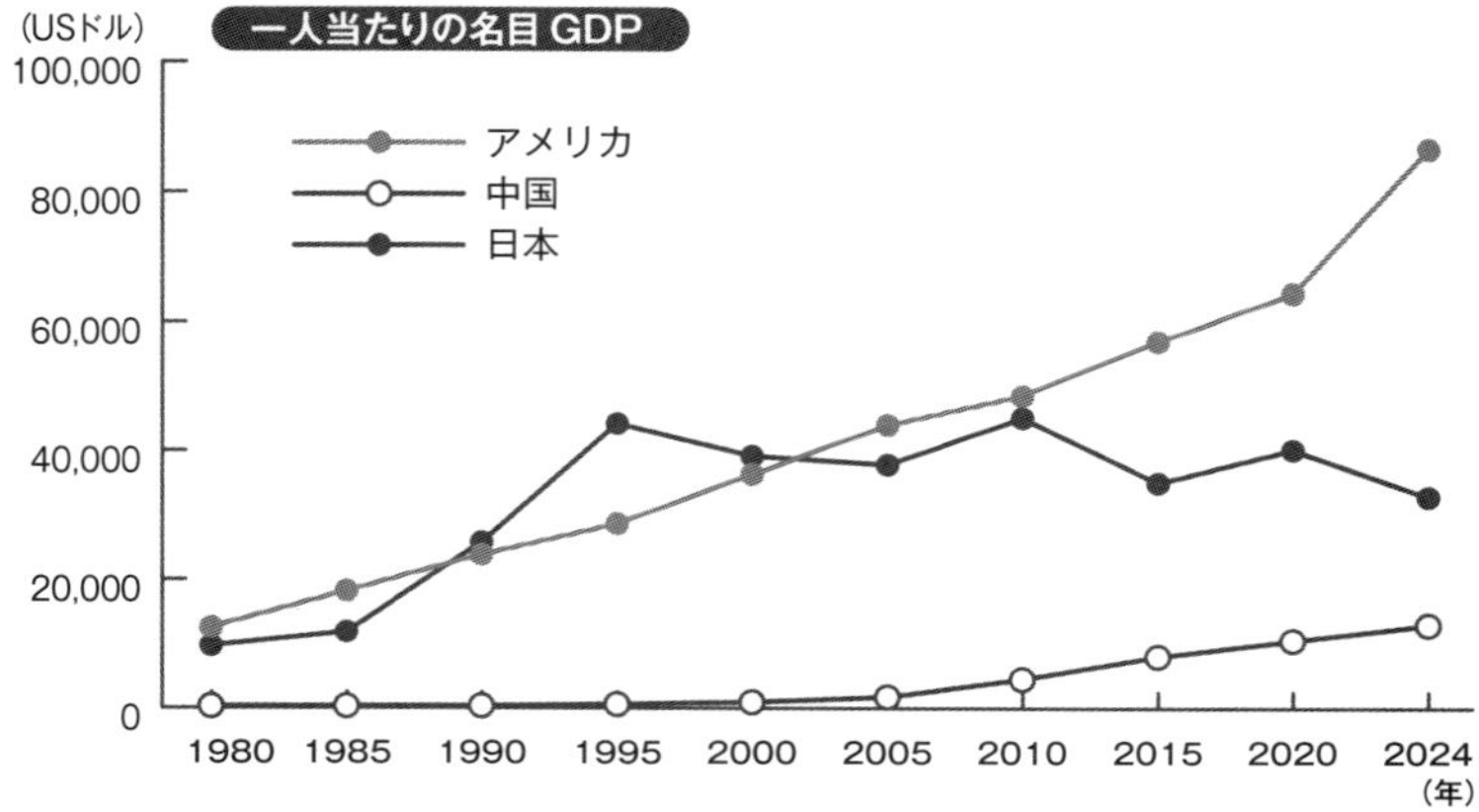


2024 年の「名目 GDP」は、アメリカ＝約 29 兆 1,678 億ドル、中国＝約 18 兆 2,734 億ドル、日本＝約 4 兆 701 億ドル。一方、「一人当たりの名目 GDP」は、アメリカ＝約 8 万 6,601 ドル、中国＝ 1 万 2,969 ドル、日本＝ 3 万 2,859 ドル。一人当たりで見ると、アメリカや日本と中国の差は大きい。

「世界経済のネタ帳」（出典：IMF）のデータを基に作成（2024 年のデータは同年 4 月時点の推計）

知って
おくべき!

# 経済急成長による歪み

1990年代、中国が経済的に急成長しているさなかに、現地にいた私自身が取材で聞いたシーンをいくつか述べましょう。これは北京のカラオケ店での、50代くらいの富裕層の男性2人がお酒を飲んでいたときの出来事です。1人は国有企業の経営者、もう1人は起業してのし上がってきた経営者でした。

国有企業の社長から「あなたと私、どちらが金持ちか勝負しましょう」と提案すると、私企業の社長は「受けて立ちます」と応じました。

「バケツを持ってこい」とウエイターに横柄な態度で指示するのは国有企業の社長。2人は高級ブランデーの『レミーマルタン』をオーダーしたかと思うと、交互に瓶の中身の酒をバケツに空けていきます。数万円すると思われるブランデーを、1人がドボドボとバケツに空け、もう1人もそれに続きます。

## 名目GDPの世界シェアの推移（アメリカ・中国・日本）

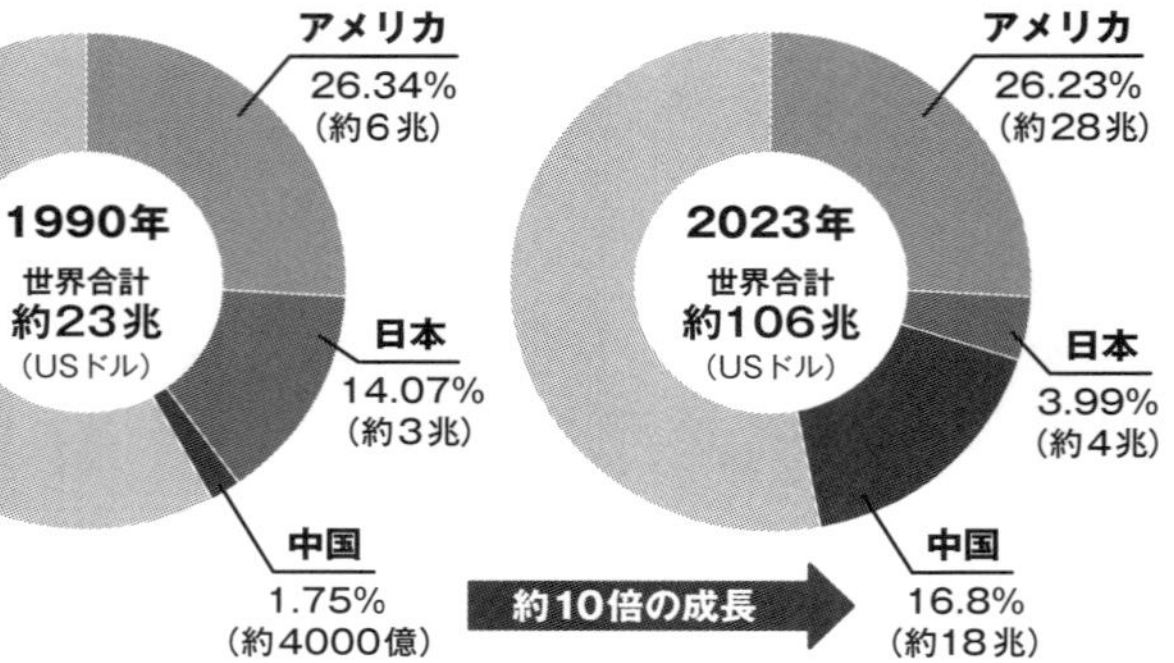


「GLOBAL NOTE」（出典：IMF）のデータを基に作成

そうして10本くらいずつ空けたときでしょうか。「私はこれ以上できない。私のレミーは、私自身が汗水たらして働いて稼いだお金で買った。こんな無駄な使い方はできない」と、私企業の社長がギブアップしました。国有企業の社長はそれに対し「私はまだまだいけた。私が稼いだ金ではないから」と自慢げでした。

同じ頃、北京に高級日本食レストラン『なだ万』がオープンし、それまではなかった、本場の日本料理が食べられるようになりました。当時日本食レストランを訪れる中国人は、ほとんどが富裕層です。

通常飲食店に行けば、好きな料理や食べたいものを注文しますが、『なだ万』で彼らはメ

## 経済成長率・物価上昇率の推移（アメリカ・中国・日本）

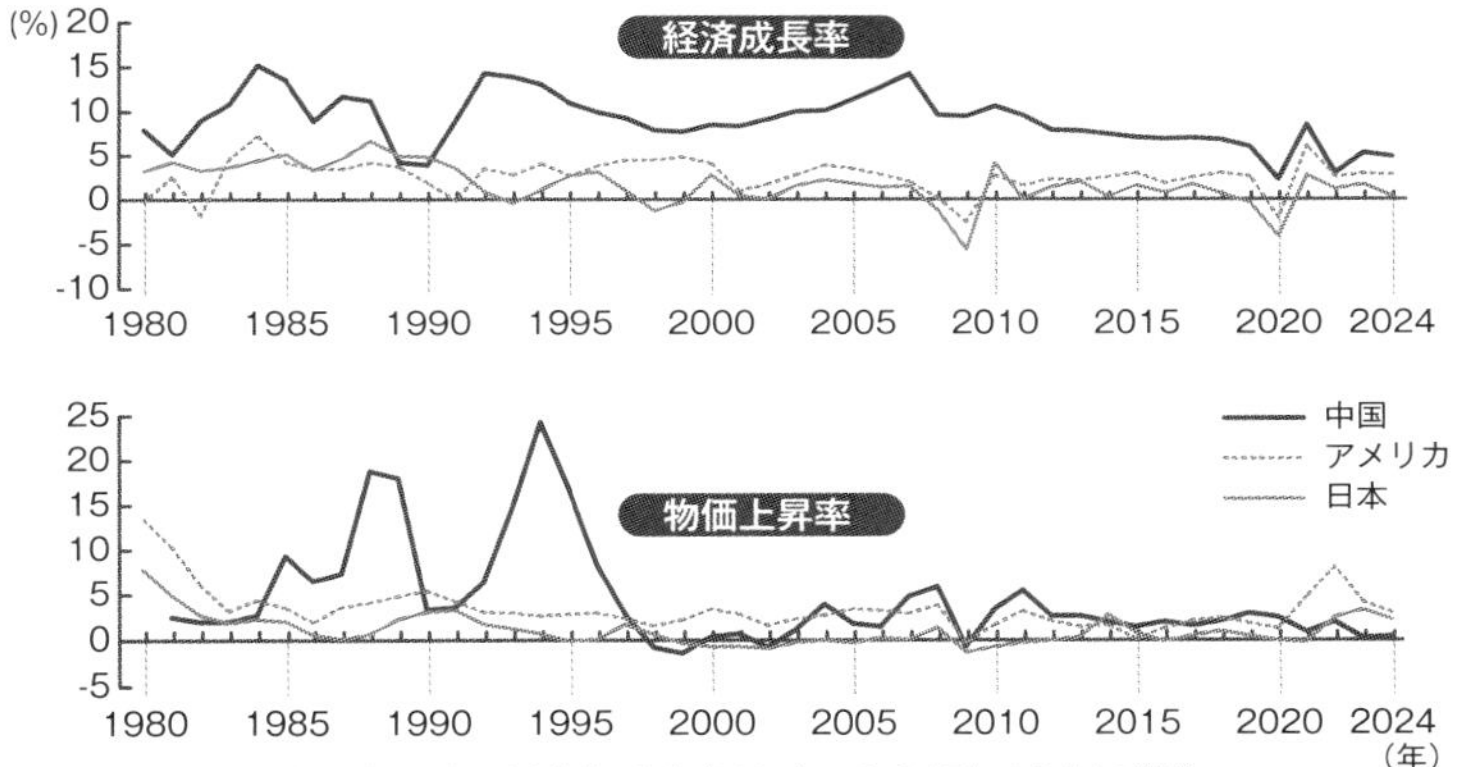


「世界経済のネタ帳」（出典：IMF）の資料を基に作成（2024年のデータは同年4月時点の推計）

ニューを見ずに、「高いものから順に出してくれ」とオーダーしていました。日本食に詳しくないということを差し引いても、違和感を覚えた光景です。

これらは私が取材した一例ですが、当時の北京では経済の急成長による、いわゆる成金が目立つようになったのです。

徐々に経済的に豊かになるのではなく、急にお金を持ったような人が増えると、どうしても社会のあちこちにいびつな現象が起こります。金持ちはそれを元手にさらに豊かになる。持たない者はどんどん疲弊し、経済的にも落ち込んでいく。それが今の中国経済にも続いているのではないかと思えてなりません。

## 中国政府VS馬雲

経済成長による大きな弊害の1つは、汚職の急増です。そこに待ったをかけたのが習近平でした。中国共産党としての統制を強め、金持ちをいじめることでいわゆる見せしめを行いました。その1つが、中国を代表する世界的IT企業、アリババグループの創業者・ジャック・マーこと馬雲《ばうん》への圧力です。アリババグループは、企業間で製品を売買する卸市場、マッチングサービスの「阿里巴巴（アリババ）」を皮切りに、一般向けを軸としたECサイト「淘宝網（タオバオ）」、電子マネー「支付宝（アリペイ）」……など次々と展開、瞬く間に成長を遂げた企業です。

2017年に馬雲は、中国政府に断らずにニューヨークを訪れてドナルド・トランプと会談。5年間で100万人、アメリカ人を雇用することを約束します。この行いが中国政府の感情を逆なでしました。トランプは大統領選期間中、アメリカ人の雇用喪失を中国政府の責任に転嫁する発言を繰り返していました。米中間の関係は悪化し、それを理由に馬は100万人雇用の約束を果たせませんでした。中国政府との軋轢で、馬はアリババグループの会長職を退くことになりましたが、非公式外交との名目で各国の要人と面談を重ねていきます。

馬は2018年に中国に戻りましたが、2020年には企業の幹部や政府の要人が出席した金融関連のシンポジウムで中国政府を批判するスピーチを展開します。中国の銀行は質屋レベルの意識しかないとまでこき下ろしたため、中国政府も看過はできませんでした。アリババグループ傘下の企業の新規上場を延期させるなど、次々と圧力をかけています。

知って
おくべき!

# 「寡なきを患えずして均しからずを患え…」

「共同富裕」

これは習近平の経済政策のスローガンの1つです。

共同富裕とは、一言でいえば、格差是正のことです。みんなで豊かになりましょうということ。胡錦濤時代までの中国は、鄧小平の唱えた「先富論」というスローガンを掲げていました。国民すべてが同時に豊かになるのは難しいという前提にある発想です。環境の整った一部を先に豊かにして、その人たちがほかの人たちを牽引していくという考え方です。

ただし、後からみんなが豊かになるかというと、そうはなりません。富める者はどんどん富み、貧しい人たちは置いてきぼりになります。

そこで習近平は別の視点を掲げたのです。それが共同富裕です。豊かさだけでなく貧しさも分かち合うという意味を含んでいます。

言い方を換えるとしたら「みんなで一緒ならば貧しくなってもいいよね」「平等であることがいいよね」ということでしょうか。

第1章で、中国が法家思想と儒家思想を使い分けて国を治めていることを述べました。習近平は今の中国経済を、儒家思想の方向に舵を切り始めたのかもしれません。

『論語』の「季氏《きし》第十六」に次の一節があります。

**「国を有《たも》ち家を有つ者は寡《すく》なきを患《うれ》えずして均《ひと》しからざるを患え、貧しきを患えずして安からざるを患うと」**

この解釈は、「国を治め家を治める者は、（人民の）少ないことを心配しないで（取り扱いの）公平でないことを心配し、貧しいことを心配しないで（人心の）安定しないことを心配する。」（『論語』金谷治訳注・岩波書店）ということになります。

貧しいこと自体は別に心配することはない。平等でないことのほうがよくないという発想です。みんなが貧しければ、相対的には貧しくはないと。

資本主義社会で暮らしていると方便のように感じなくもありませんが、まさに社会主義・共産主義の考え方なのでしょう。

「寡なきを患えずして均しからざるを患え」という『論語』の教えが浸透していることもありますが、実際に中国では支持される考え方で、中国人の中に潜在的にある思想かもしれません。

日本は1970年代前半まで、先進国から見ると貧しい国だったといえるでしょう。牛肉を食べている家庭は少なかったし、カラーテレビはもちろん、固定電話のない家も珍しくありませんでした。

ただ、国民の意識としては貧乏という実感は少なかったようにも感じます。それは国全体が貧しかったからで、相対的な貧しさを感じることがなかったためかもしれません。

ただし、中国国内でも他国を見て中国を俯瞰している知識人たちは違います。アリババの馬雲のように今の体制に対して批判的です。

文革のときには「地主・富農・反革命分子・悪質分子・右派分子・裏切り者・スパイ・資本主義の道を歩む者」に続き「インテリや知識人」が追放すべき対象とされていました。中でも最下位のインテリや知識人は、9番目の鼻つまみ者＝「臭老《チォラォ》九《ジウ》」と称され軽蔑されていました。

大衆の支持で政権を維持している習近平は、そういうしたり顔で政策を批判する知識人が大嫌いです。

# 日本の不動産を買う中国人

富裕層と貧困層。都市部と地方。中国経済の格差は日本と比較にならないほど拡大しています。

2013年から2023年まで国務院総理を務めた李克強は、2020年に記者会見で、コロナで困っている人への政府の対応に関する質問を受け、「中国の平均年収は3万元だが、平均月収が1000元（約1万7000円）の人が6億人もいる（※）」と発言しています。

この発言により、日本では中国の経済格差を取り上げた報道が多く見られましたが、李克強は単にそのことを述べたわけではないでしょう。「共同富裕」を目指す習近平政権において、お金持ちは貧しい人へ分け与えなければならないという指針を、あらためて国民に示す発言でもあったのです。

（※6億人とは農民を指していますが、その中には仕事をしていない子どもなども含まれます。また、ここでいう平均月収は「平均純収入」といい、一世帯の収入を世帯人口で割った数値ですので、5人家族であればその一世帯の月収は5000元となります）

今、日本を訪れている中国人たちは、もちろん富裕層です。円安ということもあって、日本で多くのお金を使います。

少し前の中国人旅行者は、観光バスをチャーターして銀座を訪れ、高級ブランドのバッグや服を買い、秋葉原では家電を大量に購入していました。いわゆる「爆買い」です。今はモノよりも体験にお金を払うように変化しているようです。中国人に限らず日本を訪れる外国人に共通しますが、食、景色、そしてカルチャー。特にアニメの舞台を訪れる〝聖地巡礼〟は盛んです。また、日本食は中国人にも人気です。豊洲や築地で5000円を超える海鮮丼を食べたり、銀座で1人数万円の鉄板焼きを一族全員で食べることも珍しくないようです。

そして日本の不動産を買う中国の富裕層が、今はとても増えています。社会主義国の中国では土地は国の所有です。不動産を完全に自分のものとして購入することはできません。日本でいう定期借地権で、住居であれば70年、それ以外は40年または50年間（用途による）を最長とした使用権を取得し、借りる建前になっています。事実上は自分の土地のようなものですが、国家所有なので、どこまでいっても借り物なのです。そのため、中国から物理的にも近く、さらに円安の今は、日本の不動産が買い時なのです。しかも日本では、不動産を購入すれば、それは完全に自分のものです。もともとが農耕民族で土地に執着を持つ中国人には、大きな魅力です。

日本在住の中国系不動産会社の経営者に聞いたところ、中国の富裕層は、日本のマンションを一棟買いし、賃貸や民泊にして商売をしているそうです。

これはコロナ前に取材で聞いた話ですが、北海道のタクシー運転手が、札幌から千歳空港まで乗せた中国人に、とりあえず５０００万円渡すから次に来るまでに適当なマンションを買っておいてほしいと依頼されたそうです。

見ず知らずの人に５０００万円を預けるという感覚は、今の日本人から見てということでなくても、異常な価値基準だと思えてしまいますね。この運転手も怖くなり断ったそうです。

知って おくべき!

# 都市戸籍と農村戸籍

今でも中国では大都市と地方との格差は大きいです。地方経済は不動産を民間に下げ渡してなんとかやりくりしていましたが、習近平時代になりさらに難しくなっているようです。

不動産は、その場所を開発する見込みがあるから買い手（厳密には、一定年数の使用権なので、借り手）がつきます。景気が悪いと開発できないので売れません。地方政府は、こうした土地の下げ渡しで、財政を組んでいます。従って土地の開発業者が見つからなければ、地方の財政はひっ迫します。現在は地方政府が倒れそうな状況ともいえるでしょう。

また、農村から都市への人口流出は増えており、2011年には史上初めて都市部の人口が農村部を上回りました。しかし、中国では都市と農村で戸籍が分けられ

## 地域ごとの経済格差と人口の割合

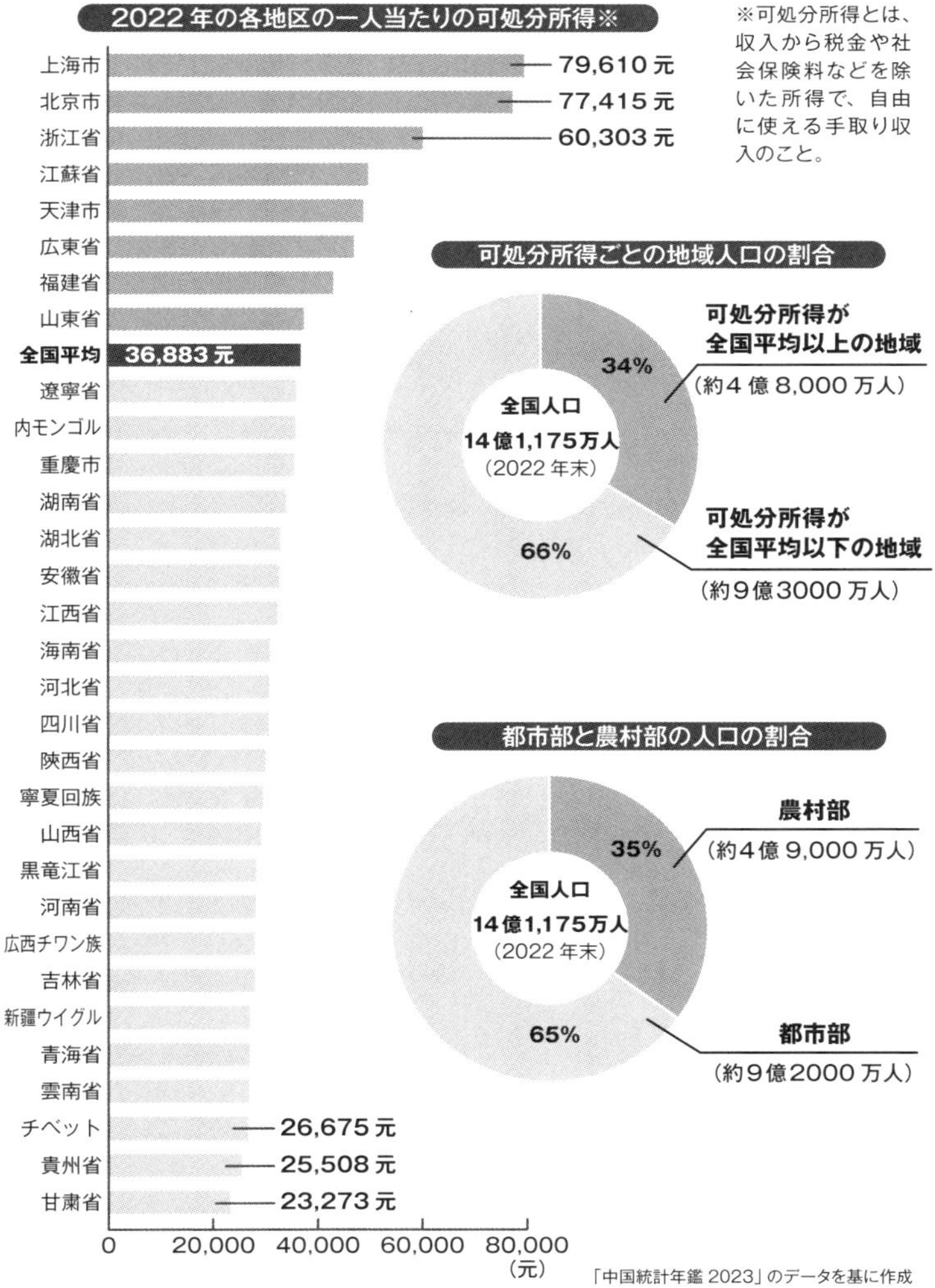


「中国統計年鑑2023」のデータを基に作成

ており、収入や社会保障、医療、教育などにおいて都市戸籍のほうが優遇されています。そのため農村戸籍保有者でも都市に出稼ぎに出たり住むことはできますが、待遇の違いによる経済格差が大きく存在しています。

一元化を訴える声は多く、少しずつ制度は見直されていますが、それでも二分化は解消されておらず、いまだ自由になったとはいえません。現在北京や上海などの大都市では、農村戸籍の人も条件付きで都市戸籍に移籍できます。それはたとえば、北京や上海の大学に入学したり、企業に採用された場合です。ただし、卒業したり勤務が終われば元の戸籍に戻されてしまいます。

格差社会の象徴のひとつが自動車でしょう。私が北京で暮らしていた1990年代、北京市内では、東京と同じように激しい自動車渋滞がありました。上海も同じです。当時は運転マナーも劣悪で、割り込みなど当たり前……それゆえ、より渋滞が激しくなるのです。しかし、農村部へ行くと農業用以外はほとんど車を見ませんでした。日本の地方では、公共の交通機関が少ないせいもあり、車は1人1台所有などともいわれます。しかし、中国の内陸の農村部はまるで戦前の日本のような状況でした。

## 長澤まさみがCM出演する中国車

現在中国はEV車の開発に力を入れています。性能も上がっています。政府がふんだんに補助金を出しているからでしょう。中国のメーカーが高性能のEV車を開発し海外に輸出され販売されるとは、20年前には想像できなかったことです。中国経済が短期間で尋常ならざる成長を遂げている証です。

私も2023年に実際、BYDのEV車を運転してみました。モーター系のジャーナリストが試せば違いに気付くかもしれませんが、私は日本車を運転しているのとなんら違いを感じませんでした。加速にも問題ないし、座り心地や内装も十分過ぎるほどでした。

中国は一点集中の傾向があり、いいと判断すると、お金も技術も惜しみなく国が投入します。スポーツでも才能のある選手が登場すると、そこに予算を投じています。オリンピックやパラリンピックで常に金メダル獲得上位になる理由がこれです。

工業製品も同じで、性能のいい自動車ができると、巨額の補助金を投じる。その1つがBYDで、クオリティの高い車ができました。中国ではいい車ができると、どんどん生産します。人口が多くマーケットが広いせいもありますが、余るほど作ってしまうわけです。自国でさばききれなければ海外市場へ進出し、在庫を減らすために価格も下げました。その結果、ヨーロッパとの貿易摩擦が生じ、中国の過剰生産問題が起きているのです。

BYDは当然日本市場にも出回っています。

「ありかも、BYD!」

このキャッチコピーを見た方は多いはずです。このコピー通りの状況が起きているのです。日本での広告キャラクターには、テレビCMも含めて長澤まさみが起用されています。日本を代表する女優の1人である彼女が中国車の広告を引き受けるとは、数年前では考えられませんでした。

BYDのキャラクターをやるということは、その後トヨタや日産から依頼が来ても受けられないということです。おそらく企業としてのBYDを精査して、車の性

## 自動車輸出額の比較と推移（ドイツ・日本・アメリカ・中国）

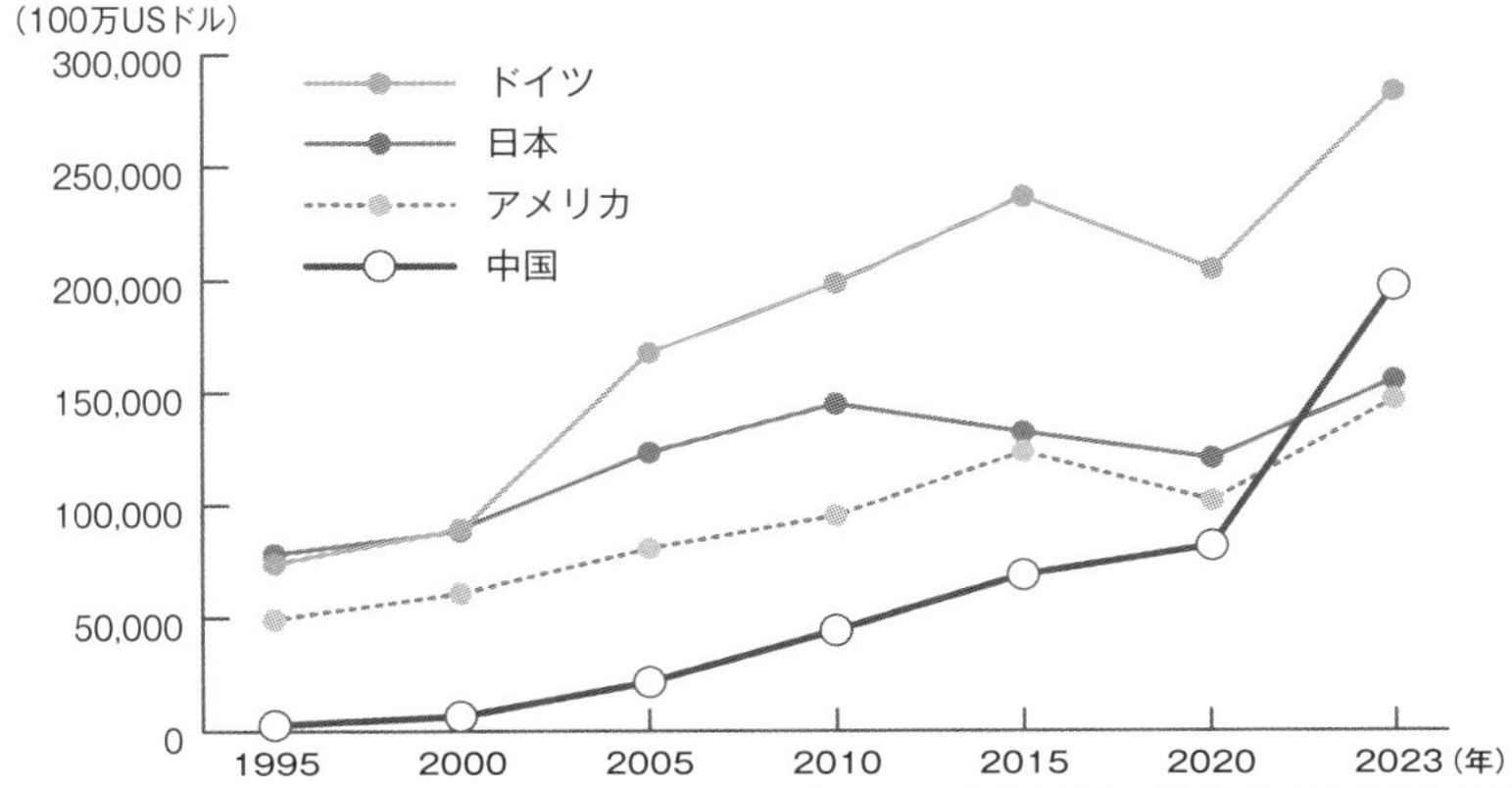


「GLOBAL NOTE」（出典：UNCTAD）のデータを基に作成

## 輸出入の主な品目の割合（2023年）

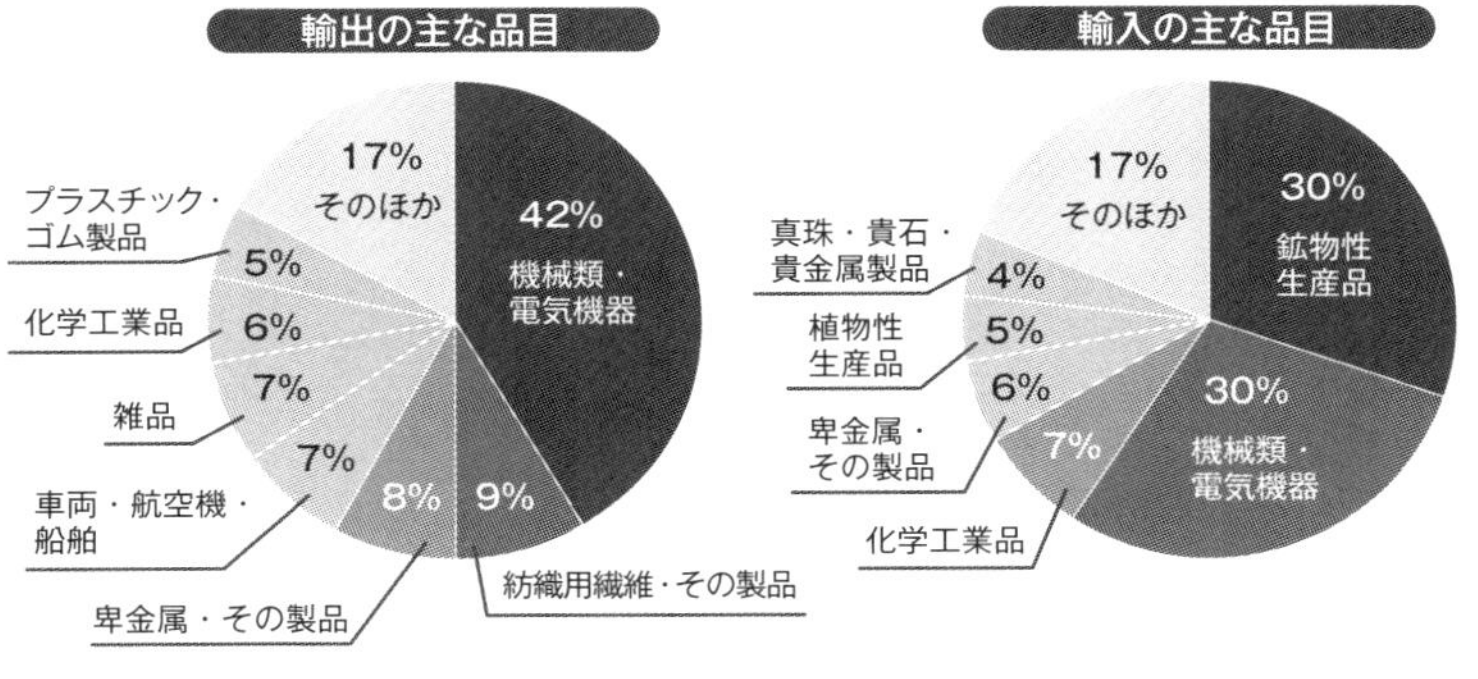


**主な輸出国・地域** アメリカ、日本、韓国

**主な輸入国・地域** 台湾、韓国、日本

「ジェトロ」（出典：中国海関統計）のデータを基に作成

能も確認して引き受けているはずです。企業も車もハイレベルなのでしょう。ギャランティも数千万円以上と破格の高額だったといわれます。

本書を執筆している2024年現在の中国では、北京や上海をはじめとする大都市のほか、農村部でもBYDの車が走っています。

## ニーハオ・トイレと水事情

ここで、経済的な格差社会について、私自身がかつて中国で生活していた頃の体験も交えてお話しします。私が暮らしていた1990年代の北京は、富裕層が暮らし旅行者が歩く表通りは都会に感じられました。しかし、裏道は貧しい田舎街と同じです。私が北京に赴任する前の1990年9月、アジア版オリンピックといわれる「アジア競技大会」が北京で開かれました。北京アジア大会とも呼ばれます。

前年には天安門事件が起きて、経済発展が滞る中、中国としては、アジア各国からの選手団を招いた、絶対に失敗できない国際イベントでした。

その際、北京が国際都市であることをアピールするため、中国政府は、外国人が目にする通りに面した外壁をきれいに作り直します。外壁だけです。外国の選手団は、ほとんどの場合が車での移動なので、車窓から見る風景は、美しい街並みになります。ところが、壁の横から一歩路地に入れば、旧態依然たる街並み……後述する「ニーハオ・トイレ」も健在でした。中国の経済発展といっても、１９９０年代までは、このように張り子の虎でした。

当時の貧しさを象徴するのが「ニーハオ・トイレ」と呼ばれるものです。集合住宅や集合ビルは、まだまだ各家庭にトイレがある状態ではなく、共同トイレでした。しかも共同トイレは個室ではなく、壁もドアもありません。そして汲み取り式です。ずらりと並んでみんなで用を足すので、しゃがんだときに隣の人と挨拶を交わすことから、ニーハオ・トイレといわれています。

北京ではトイレットペーパーはありましたが、わら半紙のようなゴワゴワした紙なので拭くと痛く、上手に使わないと肌を傷つけるような代物でした。温水洗浄便座もありませんでしたが、その理由はまず文化の違い。中国だけでなく、お尻を水で洗う行為に抵抗がある国や地域は多いといいます。

また、中国の内陸部の多くは飲用水に困るほど水不足に苦しんでるという側面もありました。飲用水に困っているのに、お尻に水を使うことなどできません。当時はまだ、干ばつが起きると餓死者も出ていたようです。

中国は大昔から統一と分裂を繰り返してきましたが、あれほど広い国でありながら、どの王朝も全土を統一することに力を注いできたのはなぜか。それは、統一は権力者がその権威を誇りたいだけではなく、中国人が生きていくために絶対に必要だという判断が、どの時代にも働いていたためです。

中国は広い国です。地域によって気候は様々です。肥沃なところもあれば干上がっているところもある。いつもどこかで干ばつがあり、水が不足し、作物が収穫できなくなります。その分の食糧は別のどこか、雨が降っている地域から運び、補わなくてはなりません。自然災害に備えるためにも、常に国がひとつになって機能する必要があるのです。統一して助け合わなくては生き残れない国なのです。

## 人とブタとのサイクル・トイレ

私は、中国駐在当時、取材では新疆ウイグル自治区、チベット自治区、四川省、湖北省なども訪れました。中国の農村部は、北京のような都市部とは大変な違いがありました。言い方はよくありませんが、農村部はただただ貧乏という印象です。

まず長距離列車に乗ると、車両には食用の生きたニワトリやガチョウを連れている農民がいました。中国の農村部では決して珍しくはない日常風景です。戦前の日本にタイムスリップして山奥の寒村を訪ねたよう。当時車はほぼ走っていません。

村に入ると、わーっと子どもに囲まれました。みんなボロボロの服を着て、キャッキャとはしゃいでいます。彼らは外国人を見ることなどないのです。

「日本鬼子《リーベングイズ》!」

子どもたちは口々に叫びます。

〝鬼子〟というのは、日本でいう恐くて強い「オニ」ではなく、中国では妖怪や化物、魔物のことを指します。かつては西洋人に対して使われていましたが、日清戦争以後、日本人に対する蔑称になりました。そういう言葉は都市部では耳にしません。私が訪れた四川省のその村では、鬼子と口にしてはいけないという教育を受けていないのでしょう。

ホテルでの食事は、川魚をつかった魚料理でした。中国にいる日本人には川魚は食べないようにアドバイスされていました。魚の体内には回虫が巣くっていて、不衛生だからです。川そのものの衛生面も心配です。魚の名前はたいがい、マグロやタイでした。なんでもかんでも魚なら〝マグロ〟か〝タイ〟なのです。

ホテル以外のトイレは、もちろんニーハオ・トイレです。そして、「サイクル・トイレ」がありました。サイクル・トイレは、家屋の2階部分にある、経済的循環トイレです。下水のインフラは整備されていないので水洗ではなくボットンスタイルです。ただし、汲み取り式でもありません。トイレの下にはブタがいて、人間の排泄物をエサにして生きています。その排泄物で育ったブタを人間が食べて、また排泄して、ブタが食べて……をくり返すので、サイクル・トイレといいます。

ブタは子どもを産みます。その子を人間が食べて、排泄物をまたブタが食べて、また子どもを産みます。そういうことでもサイクルです。ブタはいなくなりません。残酷な行いのように感じるかもしれません。でも、日本をはじめ他国でも消費者の見えないところで専門職の方々がブタを食用にしています。その作業を中国では見えるところで行っているのです。

命のサイクル、つまり循環は、中国では儒教が大切にしている教えの1つ。目の前の尊い命をいただき、また新しい命を生んでいくという考え方です。

知って おくべき!

## 人口を減らせ!

毛沢東時代の中華人民共和国は、子どもをたくさん産むことを奨励していました。毛沢東は、抗日戦争や国共内戦を勝ち抜いた歴戦の強者であり、ひとつの国家を建設した英雄です。たくさん戦えば、当然たくさんの人が死にます。そのため人口増は死活問題でした。どんどん産んで育てる必要があったわけです。

人口は国力であると毛沢東は信じていました。農業も、工業も、人口があってこそ成長すると考えていたわけです。それは必ずしも間違いではありません。その結果、人が増え過ぎました。そこで、毛沢東死後の中国は、人口を減らすことに必死になります。その最大の政策が、「一人っ子政策」でした。私が暮らしていた頃の中国は、一人っ子政策の真っ只中でした。

当時中国の都市部では、政策に忠実に1人しか産んでいなかったように見えました。街は人口が多く、住宅が密集しています。2人、3人産んだら、近所の人にすぐに見つかってしまいます。都市部では特に、居民委員会をつくり、お互いが監視するルールになっていました。それでも2人目を産んでしまったら、罰則がありました。罰則を逃れるために、隠れて出産することもあったようです。そうすると生まれた子どもには戸籍がありません。

中国語で、子どもは〝孩子《ハイツー》〟といいます。戸籍のない子どもは〝黒孩子《ヘイハイツー》〟です。直訳すれば〝黒い子〟という意味で、意訳するなら〝闇っ子〟とか〝ブラック・チ

## 「一人っ子政策」における賞罰制度の例

1970年代後半から進められた一人っ子政策は、1982年に憲法でも規制された。主な柱は、結婚年齢の引き上げ（男満22歳・女満20歳以上）、出産年齢は24歳以上とすること、仮に第二子を産む場合にも3～4年の間隔を空けることなど。1人しか子どもを産まないと宣言し、「一人っ子証」を受領した夫婦は優遇が受けられた一方で、2人以上出産した夫婦へは罰則があった（地域や時期などによって異なる）。

### 一人っ子を宣言し実施している夫婦

【優遇】
・奨励金の支給
（月給の約1割が支給される地域もあった）
・託児所や学校への優先入所・入学、
保育費や学費の補助
・医療費の支給
・就職の優先
・住宅（農村では宅地）の優遇配分
・退職金（年金）の加算と割増 ... など

### 2人以上出産した夫婦

【罰則】
・超過出産費の徴収
・夫婦双方賃金カット
（月給の約1割減や、年収の4～6割の罰金が課せられたこともあった）
・社会養育費（託児費・学費）の徴収
・医療費と出産入院費用の全額負担
・昇給昇進停止 ... など

ルドレン〟となります。農村部では、国もある程度見て見ないふりをしていたのでしょう。人口が増えて困っているのは都市部で、農村部はむしろ働き手を必要としていたからです。

黒孩子についてはマーケットもありました。一人っ子政策時でも、子どもに恵まれない夫婦はいます。欲しいけれど1人もできない。そういう夫婦が子どもを買う市場があったのです。たいがいは地方で、市場には本来ならば小学生になる前くらいの黒孩子が並んでいるそうです。その中から選んで買っていきます。

ブラックマーケットもあり、黒孩子の臓器を売買する市場で行われる臓器移植の闇手術では、技術が低いために死亡事故も少なくなかったようです。さらにブラックなマーケットもありました。性的な嗜好で、好みの黒孩子を選んで買う市場です。

## 中絶手術も避妊具も無料

一人っ子政策中の中国では、中絶手術は無料でした。それでも、本能なのか、働き手が必要だからなのか、あるいはその両方なのかもしれませんが、できると産むケースが多かったようです。また、避妊手術だけでなく、避妊具（コンドーム）も無料で配布されていました。ただし、夫にではなく、あえて妻に渡していたようです。

渡す数は夫婦やカップルの要求通り、欲しいだけ用意されましたが、女性は正直に必要な数を求めてくるのに対し、男性は多くもらおうとするそうです。

夜の営みが週に一度ならば、1か月分として4つあれば足ります。女性は正直にその数を要求します。ところが、男性は使いもしないのに、見栄を張って10個くれ、20個くれ、と言ってくるのだそうです。笑い話のようですが、それほど中国人はプライドが高いともいえるエピソードかもしれません。

ちなみに、当時の中国のコンドームは日本製とは比較にならず、とても質が悪いといわれていました。ゴムが厚くて使用感はよくなかったようで、日本に来る中国人が、日本製コンドームを大量に買って帰国していく光景も見られました。

## 農村部では何人も出産

一人っ子政策中でも、農村部では働き手が必要な状況に変わりはありません。猫の手も借りたい状況なので、一人っ子政策に従っていたら高齢者ばかりの村になり、若い働き手がどんどん減り、収穫もおのずと減ってしまいます。

実際に、ウイグル人やチベット人のような自治区に住む少数民族は、第一子が女児の場合などには、間を空けて2人目を出産することが許されていました。

一人っ子政策が始まるまでは、農村では自然に任せていくらでも産んでいました。農村には飢餓があります。10人産んでも、20人産んでも、飢餓があると、ほとんど

## 出生率・死亡率・自然増加率の推移

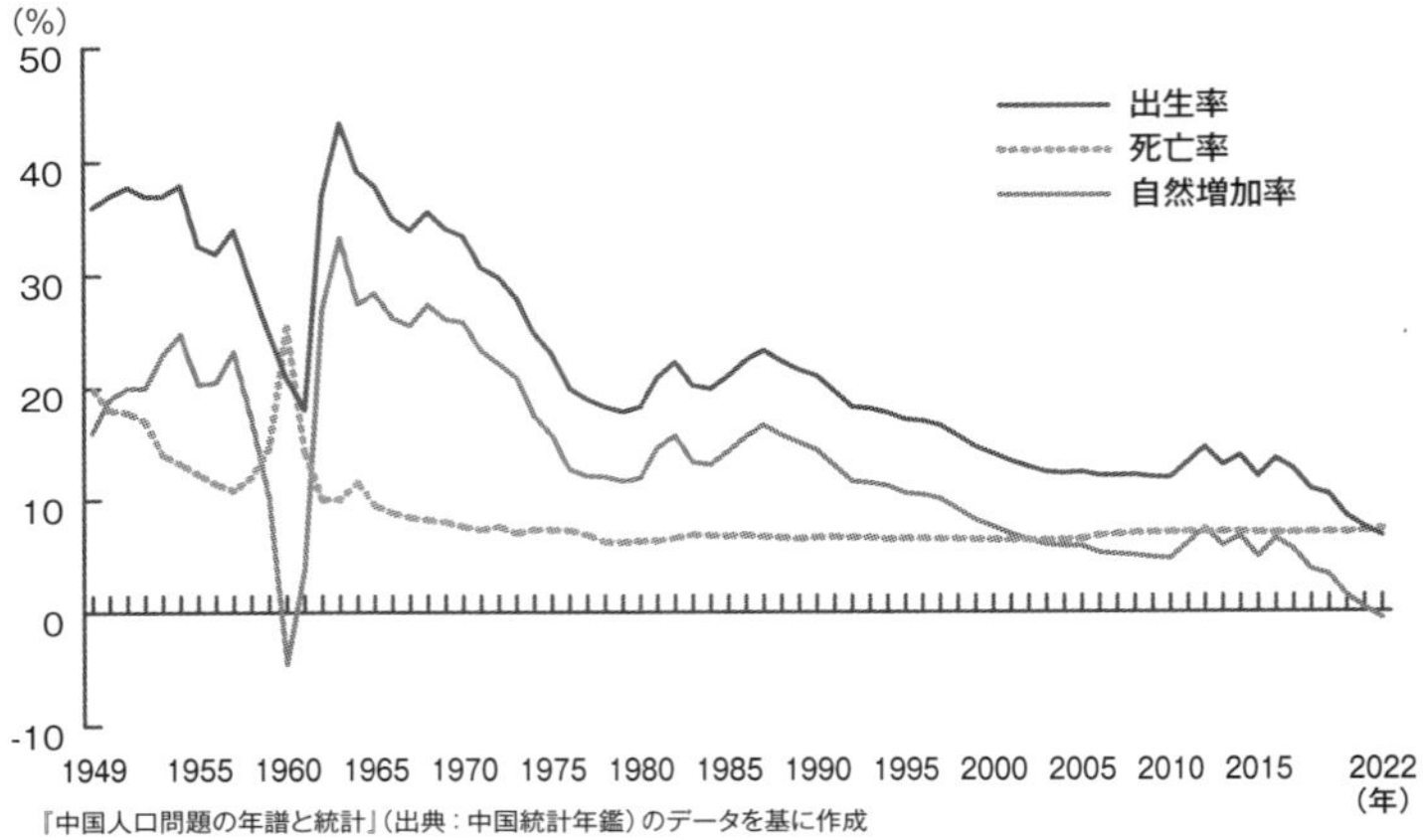


『中国人口問題の年譜と統計』(出典：中国統計年鑑) のデータを基に作成

が死んでしまいます。そのため、たくさん産んでおかなくてはいけません。そういう意識が本能的に働くのです。労働力がなくなること、それは農村では死を意味します。

身体が弱り疲れれば疲れるほど性欲が高まることについて、様々な説がありますが、生命の危機によるものだともいわれています。脳が命の危機を感じると、本能的に子孫を残そうとするのでしょうか。飢餓と隣り合わせの生活で常に命の危機を感じている、そのような環境下にあって、中国の農村部では子作りが盛んといえるのかもしれません。

命が脅かされているから、子どもを作り続ける。ただし子どもが増えれば食い扶持も増え、さらに生活が苦しくなる。中国の農村はマイナスのスパイラルにはまっていました。
また、田舎には娯楽がありません。電灯も今のように明るくないので、夜はただ暗いだけです。長く暗い夜を埋める快楽がほかにないために、際限なく子作りをしてしまいます。

1980年代のことですが、知人の日本人が北京で交通事故を起こし、地方出身者の若い男性を死亡させてしまいました。

彼の代理人は遺族に頭を下げに、慰謝料を日本円で100万円用意して、その若者の実家がある地方の町へ向かったそうです。両親と面会し謝罪、恐る恐る100万円が入った封筒を渡しました。すると家族はその額に仰天して、怒るどころか、（表現が適切かわかりませんが）喜ばれてしまったそうです。亡くなった若者は、10人兄弟の8番目でした。

当時の中国人にとっての100万円は、日本の感覚でいうと数億円単位の金額になります。わが子が死んだことへの深い悲しみはあったとしても、家族にとって100万円を手にしたこと自体は、純粋に喜ばしいことでもあったのです。

# 一人っ子政策が生んだ小皇帝

2016年まで続いた一人っ子政策によって、中国では超少子高齢化が進んでいます。まず、人口の減少が始まりました。中国の国家統計局は2023年1月に、2022年末の人口は推計14億1175万人で、2021年よりも85万人減ったことを発表しました。これは1961年以来61年ぶりの人口減少でした。2023年は208万人減。2年連続の人口減少です。2023年の出生数は推計で902万人。人口減少が始まった2021年より106万人減。出生数は7年連続の減少です。一方、2023年の65歳以上の高齢者の数は2022年より698万人増えて、2億1676万人。人口の15・4%です。

中国では現在、子どもは3人までもうけることが認められています。人口減は深刻で、自治体によっては第2子や第3子には補助金を出し、不妊治療に医療保険を適用させる対策を講じています。子どもが生まれた家庭に支援金を支給、幼稚園の費用を負担する企業もあるほどです。

一人っ子政策時代に生まれた子ども特有の性質も問題視され始めました。

都市部では3世帯が一緒に住む住宅も多く、その場合、父親、母親、祖父、祖母の愛情と期待が、１人の子どもに集中します。大人たちは子どもの言うことを何でも聞き、欲しがるものは何でも買い与えます。そのためわがままに育つ子どもも多いようです。

好きなものを好きなだけ食べさせるので、肥満児が増え、部屋ではゲームばかりやっています。１９９５年頃に実際に小学校に取材に行きましたが、教室には肥満児ばかりで、びっくりしました。そんな状況で、一人っ子政策時代の子は〝小皇《シャオホアン》帝《ティー》〟と呼ばれるようになります。小皇帝たちは親への依存性が強く自立心に弱点があるので、恋愛が上手にできません。

すると、特に都市部では親がサポートします。

「私の息子は現在25歳です。学業は優秀で北京大学に通っています」

そんな内容を書いたプラカードを目の前に置いて、親が公園で座っています。

そして、それを見た女の子の親と話し合い、お見合いを設定します。日本人からすると異様に感じるかもしれませんが、実際にそうして成婚にも至っています。

一方子どものほうは、男女とも一人っ子ですから、結婚すれば夫婦両方の、合わせて4人の親の面倒を見なくてはいけません。子どもを産めば教育費や生活費も上昇します。実情としては、結婚や出産を望まない若い世代も増え、少子化対策の効果が表れているとはいえず、人口減少によって経済成長は止まるのではないかともいわれています。

習近平は、女性による全国組織「中華全国婦女連合会」の幹部の会合で、若者に対して、恋愛、結婚、出産、家庭に対する考え方への指導を強化し、出産の支援政策の改善を推進すること、高齢化にも積極的に対応することに言及しました。

人口が減れば、GDPも下がることになります。はたして世界第2位のGDPを守れるのか、中国は怪しい状況になってきました。

第4章

# 中国の文化とエンタメ

知って おくべき!

# 中国独特の文化・風習 宦官、纏足、科挙

遣隋使、遣唐使の時代の遥か以前から、漢字、仏教、陶磁器、茶、箸、書道、暦……など、日本は中国から様々な文化を取り入れてきました。ラーメンも餃子も輸入して、日本人の舌に合うように進化させました。それでも、中国から取り入れなかった文化が3つあるとされています。宦官《かんがん》、纏足《てんそく》、科挙《かきょ》です。

## 宦官

宦官とは、男性器を切除し去勢された官吏《かんり》です。もともとは罪を犯したときの刑でした。王や皇帝の妃が住む場所を後宮《こうきゅう》といいますが、その後宮で女性に仕えるのが宦官の仕事です。妃たちが性的な間違いを犯さぬよう、仕える男から生殖能力を

奪うという残酷な制度です。去勢されると声が甲高くなり、髭が生えなくなります。宦官は、日常的に妃たちや皇帝と接することが多くなるため、優秀な宦官はやがて政治に携わるようになりました。

中国で政治を行うには、後述の「科挙」の試験に合格しなければなりませんが、宦官は科挙に合格せずとも、政治の一端を担い、賄賂などを得て豊かな生活を送ることが可能なため、自ら志願したり、親が子を去勢したりということが起こりました。

去勢されると性格は穏やかになるといわれますが、人々から蔑まれて生きることになるため、宦官同士の団結力は強く、時に官僚勢力を迫害するなど、権力を発揮することもありました。生殖能力は失われていますが性欲はあり、結婚するケースもあったようです。

宦官は清の時代までいました。宦官になると、性的なもの以外に異常な執着を見せることもあります。秦《しん》の始皇帝に仕えた趙高《ちょうこう》は、始皇帝の死後、権力に執着して政敵を次々と粛清し、秦滅亡の大きなきっかけとなります。前漢《ぜんかん》の武帝《ぶてい》の時代には、司馬遷《しばせん》がほとんど濡れ衣といってもよい罪を着せられ、宮刑と呼ばれる去勢の刑を受けますが、彼はその後、千古不易の名著である『史記』を完成させます。

また、明《みん》の時代には、宦官の鄭和《ていわ》が中国の大航海時代の主役となり、アフリカまで船で渡っています。鄭和は、アフリカからキリンを持ち帰りました。

これが、中国でそれまで幻の聖獣とされてきた麒麟《きりん》の実物とされ、時の最高権力者・永楽帝《えいらくてい》を喜ばせました。宦官という文化は日本に導入されませんでした。歴史の一時期には日本にもいたという説がありますが、根付きませんでした。理由は諸説ありわかっていませんが、賢明な選択でしたね。

## 纏足

纏足は、女性の足を小さいままにして成長させないようにする風習です。日本が輸入しなかったというより、世界中で中国にしか見られません。女の子が5歳くらいになると、足の親指以外の指を内側に折り曲げて、布で強く縛り、成長しないようにします。激しい痛みを伴いますが、親は心を鬼にして、我慢を強います。「三《さん》寸《ずん》金《きん》蓮《れん》」といって、成人しても三寸＝10センチほどの足が、美しいとされました。日本人女性の足のサイズは、一般的に23・5センチといわれますから、その半分以下です。纏足された女性は、歩行のバランスが悪く、ヨチヨチと歩くことになりますが、その歩き方も色っぽいとされました。

この纏足は、元は女性が家から逃げられないようにするために生まれた風習といわれます。ただ、その後は小さい足そのものが美しく、男性の性的嗜好に沿うもの

1910年、山西省の纏足の少女たち

写真：CPA Media Co., Ltd. / Universal Images Group／共同通信イメージズ

となっていきます。特に富裕層では、大きな足の女性ははしたないとされて、この纏足が大流行します。纏足でなければ嫁入りできないというところまでいってしまうのです。纏足女性は、専用の靴を履いていて、その足を夫以外の男性に見せることはありません。また、10年間もきつく縛り続けられた足の布をほどいて纏足を見るのが男の喜びとされ、その際に発するにおいにさえ男は興奮したといわれていいます。纏足は、中国では20世紀の初め頃まで残りましたが、日本にはこの奇習は輸入されませんでした。

## 科挙

清の時代まで行われていた上級官吏登用試験です。

育ちや学歴不問の試験で、本当に優秀な人材を登用するために行われていました。受験資格に年齢制限はないため、子どものうちから受験できましたが、ほとんどの場合、合格するのは30歳を超えるほどの難関だったといいます。科挙は、６世紀終わりに隋で始まり、10世紀の北宋《ほくそう》で本格化しました。詩、論文、儒教の経典の暗記などの試験が行われますが、「四書五経《ししょごきょう》」（儒教の基本書とされる）などの書物を丸暗記して、論文や詩文の中に自由自在に応用できる能力を試されます。今でいうなら、古典を百冊以上暗記してやっとスタートラインに立てるということでしょう。

科挙に合格すれば、高級官僚となれて、賄賂が取り放題。一族がみな栄えたといわれます。当時の中国で賄賂はそれほど悪いこととはされていませんでした。厳しい試験ですが、誰でも受験することが可能で、その意味では平等な制度だといえます。この制度は、平安時代の一時期、日本でも導入されましたが根付きませんでした。日本では世襲制度が強固で、科挙のように誰にでも門戸を開く制度が馴染みにくかったからだといわれます。

ただし、明治時代にあった官僚を登用するための採用試験「高等文官試験」は科挙に近く、四書五経ではありませんが、法律を暗記して応用する能力が求められました。今でも、国家公務員試験や司法試験は、〝現代の科挙〟などと呼ばれることがあります。

知って おくべき!

# 中国の食文化

世界3大料理というと、日本では一般的に「中国料理」「フランス料理」「トルコ料理」が挙げられます。

この3つの料理には共通点があります。宮廷で食べられてきたということです。それぞれの王室や帝室の舌の肥えた人たちが厳しくジャッジして継承されてきました。料理人たちは人生をかけて、場合によっては命がけで、腕を磨いてきたのです。中国料理は、様々な試練を経て、何千年もかけて進化を遂げてきました。だからこそ、国内に限らず、ほかの大陸に広がり、愛され、各国の食文化に影響を及ぼしてきました。世界中の食文化に貢献してきたといってもいいでしょう。

中国料理には地域による様々な個性があり、国土が広いので食材となる動植物の種類も豊富です。全体としての特徴は、強い火力で料理する熱い料理が多いことです。肉でも魚でも油を使い、厨房が燃えるような炎で作り、熱々のままいただく。それも中国料理の醍醐味のひとつです。

清の食通であった乾隆帝《けんりゅうてい》の時代に始まった宴会様式に、「満漢全席《まんかんぜんせき》」というものがあります。高級食材や珍奇な食材をふんだんに使った豪勢な料理を、デザートまで合わせ、1人前108～158品、最少でも33品の料理を順に食べたといわれています。その宴は、途中で出し物などを見ながら、数日にわたって開かれていました。満漢全席は中国の宴席文化の原型ともいえます。たくさんの料理で盛大にもてなし、豪快に食べて飲むことを楽しみ、残すのはもったいないなどといった細かなことは気にしない精神があるようです。

私が滞在していた頃の中国では、もてなされた料理をすべて食べ切るのではなく、残すのが礼儀でした。もうお腹いっぱいで食べられませんということを示すわけです。今では環境問題や資源の無駄遣いの問題もあるため、完食してもマナー違反にはなりませんが、かつては完食すると「まだ足りない、満腹ではない」というシグナルと見なされていました。

# ４大中国料理

中国の中でごく代表的な料理として、８つの地域で分類される山東《さんとう》料理・四川《しせん》料理・江蘇《こうそ》料理・広東《かんとん》料理・安徽《あんき》料理・浙江《せっこう》料理・福建《ふっけん》料理・湖南《こなん》料理の「八大菜系《バーダーツァイシー》（八大料理）」があります。

中国は広い国なので、気候や海のあるなしなどによってそこで暮らす人の求めるものが違い、食材も調理法も様々です。日本も同じように地域によって食文化は異なりますが、それ以上に豊富なバリエーションがあるといえるでしょう。

中でも日本人にも馴染みがあるのは「４大中国料理」と呼ばれる北京料理・上海料理・広東料理・四川料理ではないでしょうか。ここでは日本の呼び名に従いますが、中国では、正確には別の呼び名になります。

それぞれをごく簡単に説明すると、次のようになります。

**①北京料理**

首都が現在の北京になってからの宮廷料理です。洗練、華美なことが特徴でしょう。日本でもよく食べられる北京ダックは、代表的な北京料理の1つです。

北京は海に面していないので、魚よりも粉ものや肉が多く、塩気が強いのが特徴です。中国では、北方では主に小麦食、南方では米食となります。水餃子、饅頭《マントウ》、蒸しパン、杏仁豆腐なども北京料理です。北京料理の原型は山東料理とされており、中国では、「京菜《ジンツァイ》」といえば北京料理であり、大きいくくりでいうと、山東省の古い名称を取って「魯菜《ルーツァイ》」と呼びます。山東の料理が北京の宮廷で発展して、北京料理になっていきました。つまり北京料理は、山東料理に属するものです。

**②上海料理**

長江《ちょうこう》の河口と海に囲まれて海産物に恵まれた都市・上海は、魚介類を調理した料理が豊富です。上海を代表する食材の1つ、上海ガニは、海ではなく長江周辺の湖で漁獲されるカニです。中国では、「大閘蟹《ダージャーシエ》」と呼びます。

蒸した上海ガニや八宝菜など、魚介の素材の味を活かした料理が目立ちます。その一方、肉は豚の角煮のような甘辛い味の料理が主流です。ただし上海は、近代以降に埋め立てられた都市なので、古くは上海料理とは呼びません。淮河《わいが》と揚子江《ようすこう》周辺の料理ということで、中国では「淮揚菜《ホワイヤンツァイ》」と呼びならわします。

### ③広東料理

「食は広州にあり」という言葉を耳にした方も多いかと思いますが、中国では高級料理とされています。広く海に面した広東省は、アワビ、フカヒレ、ナマコなど海産物の宝庫。しかも港が多いので世界中から食材が集まります。点心がおいしいのはこの地域で、焼売やエビ餃子などのお店がたくさんあります。酢豚やフカヒレ煮もこの地域の料理です。広東省の古名を取って、中国では「粤菜《ユエツァイ》」と呼びます。

### ④四川料理

夏は暑く冬は寒い四川省は、代謝を上げなくてはいけないので、麻婆豆腐や担々麺のような刺激の強い辛い料理が発達しました。「乾焼蝦仁《ガンシャオシアレン》」（エビチリ）や回鍋肉《ホイコーロー》も四川の名物です。四川の下の字を取って、中国では「川菜《チュアンツァイ》」と呼びます。

余談ですが、日本では、四川料理が辛い料理の代表となっていますが、中国でより辛いことで有名なのは、毛沢東の故郷である湖南料理です。「四川の人は、辛い料理を恐れないが、湖南の人は、辛くない料理を恐れる」といいますから、いかに辛いかがわかりますね。

知って
おくべき!

## 中国のエンタメ

北京や上海で行われた欧米系ミュージシャンの公演では、過去に問題が起きたことも少なくありません。

２００８年にアイスランドのアーティスト・ビョークが上海でコンサートを行っています。彼女には『Declare Independence（ディクレア・インディペンデンス）』

という曲があります。"独立を宣言しよう"という意味です。この曲をステージで歌った際、ビョークは「チベット！ チベット！」と叫びました。

この年、チベット自治区は中華人民共和国からの独立を求め、チベット騒乱が起きています。

このとき、アイスランドのレイキャビクにある中国大使館は次のような声明を発しています。

——ビョークさんが上海で取った行動に、中国の人々は強い憤りを感じている。中国は多民族国家であり、チベットは古代から中国の不可分の一部だ。これが国際社会の認識とされており、チベットを独立国家として認めている国はひとつもない。チベットを中国から独立させようとするいかなる試みも、中国人と正義を重んじる世界中の人々から、必ず反対を受けるだろう（AFP通信・サイト「AFPBB News」2008年3月7日）

このビョークの公演以降、中国政府は海外アーティストの公演に、より一層神経を使うようになりました。

2012年には、北京でイギリスのレジェンドアーティスト・エルトン・ジョンがコンサートを行っています。彼はステージ上で、このコンサートを艾未未《がいみみ》に捧げると語りました。艾未未は中国の体制を批判し続ける芸術家で、父親の艾青《がいせい》も反体制派の詩人です。艾青は文革の際、中国共産党を除名されて新疆《しんきょう》ウイグル自治区の強制労働所に送られています。当時幼かった艾未未も強制労働所で育ちました。

――エルトン・ジョン氏のようなやり方を真似する人間が出てくる可能性がある／中国の関係部門は外国人アーティストの招聘《しょうへい》をちゅうちょするようになる／こうした挑発的なアーティストには遠慮など必要ない。しっかりと抗議し、ステージから引きずり降ろして困らせてやるべきだ（サイト「Record China」2012年11月30日）

中国共産党の機関紙『人民日報』系の国際紙『環球時報』は社説の中でこのように伝えました。『環球時報』は中国の産経新聞とも呼ばれ、タカ派の論調で知られるメディアです。ビョークやエルトン・ジョンのようなことがあると、外国人アーティストの公演を完全にやめそうですが、2014年にはイギリスのロックバンド・ローリング・ストーンズが2006年以来2度目の上海公演を行いました。

ストーンズの場合は、バンドの代表曲である『Brown Sugar(ブラウン・シュガー)』と『Honky Tonk Women(ホンキー・トンク・ウィメン)』を中国側が禁止しています。それぞれ、ドラッグとコールガールのことを歌った曲です。

ボーカルのミック・ジャガーは政治的発言をせず、ただ、ステージ上で『Honky Tonk Women』をやれないことについて、次のように発言しました。

「そろそろ、普段なら『ホンキー・トンク・ウィメン』みたいな曲を演奏するところなんだが、禁止されてしまった」(AFP通信・サイト「AFPBB News」2014年3月14日)

ライブコンサートは、その場で突発的に起きることを止めることはできません。そのため、共産党に監視され、言論統制が行われている中国では、国内・国外のアーティストを問わず、彼らの自由な表現を楽しむエンターテイメントは、なかなか実現しづらいのも実情です。

## 中国人は千昌夫の『北国の春』が好き

中国の歌手は、ほとんどがきちんとした音楽教育を受けています。言い方は悪いですが、歌はうまくないけれどかわいい女性アイドルやかっこいい男性アイドルは、中国にはまずいません。上の世代のレジェンドの弟子になって、下積みを重ねてデビューするというケースもありません。

多くの歌手や演奏家は、北京にある中央音楽学院という名門音楽学校を卒業しています。この学校には、作曲、音楽学、指揮、ピアノ、オーケストラ、民族音楽、声楽オペラなどの学科があり、専門的な音楽教育が施されます。

また、中国では共産党公認の歌手や演奏家でないと、コンサート活動が難しいので、音楽家人口がなかなか増えません。

そういう環境だからでしょうか、中国人は自分たちの国にいないタイプの日本人歌手が好きです。私が北京にいた90年代には、日本で1977年にリリースされた、千昌夫の『北国の春』が人気でした。

雪どけ、朝霧、水車小屋……、そして、おふくろ。『北国の春』は故郷を思い、帰りたくなる歌です。

中国の都市部で働いている人の多くは故郷を後にしています。広い国ですからなかなか帰れません。そんな人たちの心に、この曲が響いたのでしょう。望郷は漢詩の主要なテーマでもあります。中国人とカラオケに行くと、中国語版『北国の春』を歌う人は多かったです。日本人と同じく、中国人も概してカラオケが大好きのようです。

中国で生まれ世界に広まったものは多く、火薬、活版印刷、紙など、中国人はその多くの発明を誇りに思っています。

寿司も中国の発明だといわれており、確かに、雲南省に日本の熟《な》れ鮨の原型のような食べ物があります。雲南には海がないので、発酵食品が進化しているのです。日本の江戸前寿司に関しては、そこから大きく発展したものといえるので、発明を語られても日本人としては少々違和感があるところですが、中国人は発明に対するプライドは高く持っているようです。

それでも、カラオケに関しては日本発祥の素晴らしい発明であると認めています。そして、中国人も認める日本が開発した意外なものがもう1つあります。それは円形の回転テーブルです。

回転テーブルは、日本の「目黒雅叙園」の創始者によって、1932年(当時は和食と北京料理を扱う料亭だった)に開発されました。あの中国料理を楽しむ、大きくて、円形で、クルクル回るテーブルは、実は日本発祥なのです。

## 戦略家、ジャッキー・チェン

中国で活動している音楽家たちが中央音楽学院を卒業しているのと同じように、中国の演劇界や映画界で活躍するには、北京の中央戯劇学院や上海戯劇学院を卒業する必要があります。

どちらも国立大学で、それぞれ、演劇・ミュージカル、ディレクター、舞台芸術、映画、ダンスなどの学科に分かれています。ジャン・ウェン(姜文)、コン・リー(鞏俐)、チャン・ツィイー（章子怡）は、中央戯劇学院出身の俳優です。コン・リー主演でベルリン国際映画祭金熊賞受賞作『紅いコーリャン』の監督・チャン・イーモウ（張芸謀）のような別の学校を卒業して成功した映画人はレアケースです。

日本のように歌手やモデル出身で、顔がきれいで演技は上手でないタイプの俳優はまずいません。日本の場合は、歌手やモデル、あるいはスポーツ選手出身でも場数を踏むことで俳優として成功することもあります。中国ではそういうケースもまずありません。

中国の映画・演劇界で成功を収めるには高いハードルを越えなくてはいけません。ただ、中国出身の俳優は基礎ができているので演出家は起用しやすく、ハリウッドへ進出すると成功しやすいといわれています。中国人女優のリウ・イーフェイ（劉亦菲）は、ディズニーの実写版映画『ムーラン』の主役に抜擢され、ハリウッド女優としての地歩を固めました。

中国で成功するには、まず共産党に評価され、好かれなくてはいけません。映画・演劇でさえ、中国共産党宣伝部の管轄下にあり、表現の自由はありません。従って、共産党のさじ加減ひとつで、上映禁止にできるのです。ただし、共産党に愛されると様々な選択肢を持つこともあります。

私が北京にいた1990年代は、リウ・シャオチン（劉暁慶）という女優が大活躍していました。日本では1985年に公開された『西太后《せいたいごう》』で残忍な西太后役を演じた女優です。中国共産党の歴史観では、西太后は中国の利益を外国に売り渡した悪女なので、史実を折り曲げて西太后を残忍な為政者として描いています。

彼女は1987～89年までに、中国の3大映画賞の1つ「百花奨《バイホワチャン》」で、3年連続で最優秀主演女優賞を受賞しています。一方で、1988年には中国の議会に当たる政治協商会議の全国委員に選出され、1998年まで政治家としても活動しています。共産党の覚えがよかったのでしょう。

やはり共産党との蜜月関係を維持し続けている俳優が、『酔拳』『プロジェクトA』『ポリス・ストーリー』シリーズなどで人気の世界的アクションスター・ジャッキー・チェンです。ジャッキーは香港で生まれ育ちました。1989年の天安門事件のときには学生たちを支持し、中国共産党に対して批判的な立場でした。

ところが、その後は人口の多い中国マーケットに魅力を感じて、態度を一変させます。また息子の大麻事件のときには中国政府に減刑してもらい借りをつくり、徐々に中国共産党寄りの発言が目立つようになりました。

彼はとても戦略家で、2021年に行われた中国共産党結党100周年記念座談会では、かつてと真逆の立場を明確にしました。

「私は中国人になって光栄だが、共産党員がうらやましい。私も党員になりたい」
（サイト「朝日新聞デジタル」2021年7月12日）

そんな発言をしたので、香港市民や中国の識者たちの間では〝共産党の犬〟と呼ばれています。その分共産党には大切にされ、ジャッキーの出演作は規制の厳しい中国でも公開され、多大な興行収入を上げています。

## 日本の観客動員数を超えた『君の名は。』

中国では海外映画公開の規制は厳しく、政治的な映画、暴力映画、ポルノ映画はまず許可されません。流血や裸は論外のようです。

そもそも共産党には、西洋文化が国内に入ることに強い抵抗があるので、『バック・トゥ・ザ・フューチャー』『ゴースト・バスターズ』など共産党的な道徳にさしさわりなさそうな映画でも公開を許していません。

そんな中でも日本のアニメは中国では大人気です。

最近中国で公開され、人気の高かった日本映画の1つが新海誠監督のアニメ映画『君の名は。』。東京で暮らす少年と飛騨の少女が入れ替わるこの物語は、日本でも大ヒットしました。政治的でも暴力でもポルノでもない、無害な作品と判断されて中国でも2016年に上映され、2024年7月に再上映、累計の興行収入は6億元（約130億円）突破という大ヒットを記録しました。

中国では海外映画の輸入規制により、年間に上映される日本映画は数本と限られていましたが、2016年は、前年の『STAND BY ME ドラえもん』のヒットもあり、アニメ作品を中心に、10本を超える日本映画が公開されました。『君の名は。』で注目すべきなのは、日本よりも中国での観客動員数が多かったことです。人口が多いことは、それだけで豊かなマーケットであることが再認識されました。

中国で人気になった日本のアニメをずらりと挙げてみましょう。『ちびまる子ちゃん』『スラムダンク』『ポケットモンスター』『クレヨンしんちゃん』『名探偵コナン』『美少女戦士セーラームーン』『ONE PIECE』『NARUTO-ナルト-』『ドラえもん』

『ドラゴンボール』などです。

新型コロナウイルス感染のピークが過ぎ海外旅行者が日本に大挙してくるようになると、日本人にとって想定外の場所が賑わいました。その1つが、神奈川県鎌倉市の鎌倉高校近くにある江ノ島電鉄の踏切です。そこは、アニメ『スラムダンク』のオープニング映像に登場する場所だったのです。

国道134号線と江ノ電が並行して走る踏切には多いときで100人を超える人が集まり、多くの中国人も競うように撮影をしていました。危険な行為もあり、テレビなどでも報道されていましたが、日本のアニメの人気を象徴する出来事でもあります。

その一方で、中国での公開が難しいアニメもあります。反乱作品や暗殺シーンがある作品は、国民が刺激されると共産党は判断します。たとえば『進撃の巨人』のような作品は、中国での映画上映のハードルが高いようです。

『進撃の巨人』は、巨大な壁の中に閉じ込められた人類が、壁内の秩序に反乱し、やがて壁の外の世界に飛び出ていく物語です。極端な情報統制を行い、壁の外の自由な世界を見させないようにしている現在の中国の国家体制からすれば、許されない世界観が描かれています。

それゆえ、中国国内ではコミックは禁書となっていますし、映画版も上映されていません。しかし、日本の漫画文化に強い関心を持つ中国の若者たちは、『進撃の巨人』を様々な手段で手に入れて読んでいるとのことです。禁書はいつの時代も、人々の憧れなのですね。

アニメや漫画、あるいはアイドルのようなサブカルチャーに詳しく熱烈なファンのことを日本ではオタクといいますが、中国でもオタクは増えていて、「宅男《チャイナン》」と呼ばれます。日本からの文化輸出といえそうです。

## 中国でもスター、高倉健

中国では日本のアニメだけではなく、もちろん実写も人気があります。

中国人が特に好きだったのは高倉健です。

とはいえ、『網走番外地』や『昭和残侠伝』のような東映の任侠シリーズではありません。任侠を離れてからの高倉健です。

大映で製作した佐藤純彌監督のサスペンス映画『君よ憤怒の河を渉れ』が1979年に中国で公開されてヒットします。

そして、チャン・イーモウが高倉健の主演で映画を撮りました。それが、2005年に中国で公開された『単騎、千里を走る。』です。雲南省を舞台に父子の絆を描いた作品です。この2作によって、中国で高倉健は大スターになりました。

三浦友和と山口百恵も、中国で人気がありました。一時期TBSと大映のドラマ『赤い疑惑』が中国でも観られていたからです。山口百恵が白血病で余命いくばくもない少女を演じたドラマです。

山口百恵の後は、中野良子や酒井法子も人気がありました。

## ドラえもん似とミッキー似が共存する〝ディズ似ーランド〟

こうしたメディアコンテンツの話に関して避けて通れないのが、著作権の問題です。中国は著作権の管理が発達していないので、頻繁に問題が起きています。北京の石景山《せっけいざん》にある「石景山遊楽園」は、ドラえもんにそっくりのキャラクターがいたことで、日本でもよく知られています。著作権無視のいわゆる〝パクリ〟です。

日本においても、今ほど著作権管理が厳しくなく、人気キャラクターを模倣した商品が出回っていた時代もあります。中国では、今なお管理が厳しくないため、パクリに対して罪悪感もあまり生まれないのが現状でしょう。

石景山遊楽園にはドラえもん似だけでなく、ハローキティ似、ミッキーマウスやドナルドダック似もいました。日本では〝ディズ似ーランド〟と呼ばれることもありました。

日米の有名キャラクターが入り混じっていたので、特撮モノにたとえれば、ウル

2015～17年にかけて撮影された各地の遊園地。「石景山遊楽園」以外にも、中国国内の遊園地にはパクリキャラがとても多い。（右）湖南省長沙市「長沙世界之窓」（左上）新疆ウイグル自治区ウルムチ市「ウルムチ水上楽園」（左下）雲南省昆明市「西華園」

出典：『中国遊園地大図鑑 南部編・西部編』関上武司

トラマンと仮面ライダーとバットマンとスパイダーマンが共演しているような状況だと理解してください。

この状況はもちろん各国の各方面から抗議されます。しかし、石景山遊楽園はまったく悪びれずに反論していたのも印象的でした。

「当園独自のキャラクターで、結果として一部似ているものはあるものの、決して真似したわけではありません」

これが石景山遊楽園の主張で、さらには「ディズニーランドは遠すぎます。石景山遊楽園にいらっしゃい」といったキャッチフレーズも展開しました。

2016年には上海ディズニーランドが開園

しました。こちらはもちろん本物ですが、それでも石景山遊楽園は健在です。

世界に対して大国として評価されたい中国政府としては、著作権に関してもきちんとしたい気持ちがないわけではありません。しかし現実的には、すべてを規制するのが難しい状況です。国が大き過ぎて、指導や管理が行き届かないのでしょう。石景山遊楽園からは、後にミッキー似やドラえもん似のキャラなどはいなくなったようですが、中国国内の多くの遊園地にパクリキャラはまだいるようです。

著作権と同様に知的財産権の1つである商標権に関して、中国では近年「商標法」の法改正への動きがあります。商標権は商品やサービスに関するロゴや名称などを保護するためのものですが、これまで中国では「冒認出願」といい、もともと権利を持たない無関係の第三者が権利者よりも先に商標権を得てしまうという問題がありました。過去には日本のアニメキャラクターなどが被害にあったこともあります。

このような悪意ある出願を阻止するための規制として、処罰の強化などを盛り込んだ改正案が2023年に草案として公表されています。

ただし、日本の商標法にあるような、すでに周知されている商標と同一・類似のものに対する不正出願を排除する規定はないため、冒認出願をすぐに阻止したり無効にすることはまだできないようです。

## 禁書

中国では毛沢東の時代が終焉して以降、鄧小平、江沢民、胡錦濤が市場経済を取り入れ、新聞社や出版社も商業化してきました。それでも、各メディアは共産党中央宣伝部に抑えつけられてきました。中国では、言論や情報はすべて統制されています。政府に反対したり批判するような本を出版することはできません。そのため、国民の多くが興味を持ち読みたがるような内容でも、世に出ることのない書籍が多くあります。

私が北京にいた１９９０年代にはいわゆる〝地下出版〟が健在でした。政府に弾圧されるリスクを恐れずこっそりと執筆され、山の中の印刷所で刷られて製本される書籍です。

その1つが、陳放《チェンファン》著の『天怒《てんぬ》』です。北京市で実際に起きた汚職事件がリアルに書かれた実録小説です。

李志綏《りしすい》著の『毛沢東の私生活』という本も評判になりました。著者は毛沢東付きの医師でした。彼は毛沢東の絶頂期から、最期の姿までを詳細に書いています。権力闘争、文化大革命の頃のこと、乱れた性生活などです。李は毛の死後アメリカへ移住しこの本を書きました。

『天怒』も『毛沢東の私生活』も中国ではもちろん発売禁止です。しかし、海外では翻訳され、日本語版も出版されています。また、中国では発禁でも、当時イギリス領だった香港の書店では買えます。実際に私も中国語版の『毛沢東の私生活』を香港で購入して北京に持ち込みました。見つかったら本はもちろん没収。私自身にもなんらかの処罰が下されたはずです。

私が所持していることを知るや、知り合いも、知り合いでなくても、貸してほしいと連絡してきました。結局知人に貸したら、また貸しに次ぐまた貸しで、半年以上戻ってこなかったことを覚えています。返ってきたときには、本のカバーは手垢で真っ黒。たくさんの人が回し読みしたのでしょう。

中国でこういう禁書の噂は全部口コミです。文字にして伝えると、すぐに見つかってしまいますから。こういう口コミに関してはニーハオ・トイレがよく機能していました。朝、みんなで並んで用を足しながら、隣から隣へと噂が広がっていくのです。あんなに大きな国なのに、噂はあっという間に広がります。人間の知的好奇心は誰にも抑えることはできません。

こうした禁書になるテーマは、映画と同じように、政治系、暴力系、ポルノ系の書籍です。

ただし、現在は禁書が激減しています。今はネット社会になり、地下で印刷してもすぐにその情報がもれて、摘発される時代だからです。山奥の印刷所も衛星写真で見つかりやすくなってしまいました。

## 蒼井そらと松島かえで

中国の若い世代の間では、日本のアダルトビデオもよく見られています。もちろん、当局はアダルトビデオを禁じていますが、抜け道があるようで、今はインターネットのポルノサイトも見られるようです。

中国共産党はこの状況を認識はしています。でも、ある程度見て見ぬふりをしているのでしょう。ポルノを取り締まり過ぎると、国民にストレスがたまることはわかっているからです。アダルトビデオは政治的でもないですし、問題が起きない限りは騒ぎにはなりません。

ちなみに、中国でダントツに人気のある日本人のセクシー女優は、蒼井そらです。彼女の人気はすさまじくて、中国のネットユーザーの間では〝膜拝《モーバイ》〟とされています。膜拝とは、女神といいましょうか、もろ手を挙げてひれ伏す対象のことをいいます。北京で開催された文化イベントにも招かれて、中国の女優や歌手との共演も

しています。
2012年に当時の与党、民主党の野田佳彦政権が尖閣諸島を日本で国有化したとき、中国で大きな反日デモが起きたことは第2章で述べました。そのときに中国の若者たちが掲げたプラカードや、ネット上に現れたユニークなキャッチコピーには、深刻な状況ながら少し笑わせられました。

**「钓鱼岛是中国的、苍井空是世界（大家）的」**

これは日本語にすると、
「釣魚島は中国のもの。蒼井そらは世界（みんな）のもの」

このように政治的なことにも影響するほどの人気と知名度でした。

蒼井そらに次いで中国の若者に人気があったセクシー女優は松島かえでです。200万部を超えたベストセラー小説『上海ビート』の著者・韓寒《かんかん》が自分のブログに松島のブログのリンクを貼ったこともあり、人気が爆発しました。

蒼井そらや松島かえでには、様々な噂や情報が飛び交います。中国を訪問しているとか、クラブにいるというニセ情報が広がることもあり、その都度ファンの若者たちが興奮してパニック状態になりました。

## マナーよりもマネー

蒼井そらや松島かえでが爆発的な人気になった大きな理由の1つには、中国には性的な欲求を満たすものが圧倒的に少ないことが挙げられるでしょう。

中国には、基本的には合法的な風俗産業はありません。日本で黙認されているような、ソープランドはもちろん、性的サービスを行うお店も、少なくとも表立ってはありません。

アダルトビデオもなければ、エロ本もない。国民は性的にも抑圧されています。そのためずっと抑えている欲求が爆発するときは、多くの場合、日本人の想像以上になります。

中国の文化は「マナーよりもマネー」です。お金を持っている者がえらい、という価値観で暮らしている人が大多数です。そういう人々が日本を訪れると、旅行エージェントのコーディネーターに風俗店へのアテンドを要求することもあります。セクシー女優に会わせてくれ、というケースも多いようです。

東京・新宿歌舞伎町の買春は日本国内でも問題になっていますが、そのエリアにも中国人旅行者が目立ちます。旅行やビジネスの出張で東京を訪れた中国人が歌舞伎町へ行くのは、人気コースのひとつとされています。

マナーよりもマネーの中国人は、風俗店でお金を積んで様々なプレイを求めると聞きます。中国には風俗店はないので、日本のアダルトビデオで見たプレイを、日本に来て体験しようとするわけです。

中国人にとって、日本人風俗嬢から受ける接客は、性欲の解消だけが目的ではないように思える部分もあります。それは、これまでの日中間の歴史に根付いた、中国人の日本人に対する潜在的なコンプレックスや敵対心も関係しているのではないかと。

中国人は日本人に反発と同時に憧れもあります。中国人には日本に侵略されたという民族的な記憶が残っていて、その日本人の女性を思いのままにする行為に価値があり、そこに快楽を覚える傾向を感じます。

日本人にも似た傾向はあるのではないでしょうか。日本は太平洋戦争で負けています。多くの人が命を失い、アメリカに占領されました。恨み憎しみを持つのが普通です。実際に恨んでいる人もいるでしょう。

ところが、特に1960~70年代の若者は、アメリカの文化・カルチャーに憧れて積極的に受け入れていました。金髪女性に憧れ、交際しようとする中高年も少なくありませんでした。それに近い状況が中国人男性にも起きていると私は分析しています。

# 中国人の愛の行為はワイルド

中国には、風俗店がないだけでなく、ラブホテルがありません。ラブホテルは日本で発展した文化で、中国以外の国でもあまり見かけませんが、性行為を行うためにあるあの施設とシステムはとても実質的です。

中国では若い男女が交際に至っても、愛を確かめ合う環境が整っていません。もちろん自宅ではできません。ほとんどの若者は両親と暮らしています。日本でいうシティホテルはあるものの、数は少なく、中国の若者の経済力ではなかなか利用できません。

学生の場合、ほとんどの大学は全寮制です。寮の部屋に異性を誘うことは禁じられています。それに多くの場合、相部屋か大部屋です。

とはいえ、20歳くらいの男女は性欲が旺盛です。パートナーがいればしたい。では、どこで結ばれるのか——。屋外です。

中国の大学の敷地は広大です。北京大学も清華大学も清の皇帝が遊んでいた庭園に建てられています。敷地内には樹木が多く、夜の帳が降りると周囲から見えづらいポイントがたくさんあります。中国の若者たちの恋愛は、日本よりもワイルドです。

中国にはこんなことわざがあります。

「天下のカラスはみな黒い」

もともとは、誰もがみな悪いことを企んでいるという意味です。カラスは世界中どこへ行っても黒いので、それになぞらえています。

そして、そこから発展して、男はみんな下心を持っているという意味でも使われています。

街で女性を口説いている男性がいると、傍らにいる女性の友達が「天下のカラスは黒い」と言って忠告するわけです。日本でも「男はオオカミ」と言いますよね。それに近い表現です。

中国では数年に一度、〝掃黄運動《サオホワンユントン》〟を行います。黄色は日本でいうピンク、つまり、エロ・性的なものを意味します。掃黄運動は、街からポルノをはじめ性的なものを一掃する運動です。

日本でも2000年代の初めに、当時の石原慎太郎都知事が「東京の犯罪を一挙に減らす!」という公約の通り、歌舞伎町の性風俗店を取り締まりました。治安はよくなったかのように見えましたが、合法的な風俗店が減り、その分非合法な性ビジネスが増えています。

その象徴のひとつが、今問題になっている大久保公園周辺の売春でしょう。日本各地から来た家出少女たちが歌舞伎町に集まり、自分の意思で誰にも管理されずに売春行為を行っています。出張でやって来るビジネスマンや若者、海外からの旅行者が買春をし、梅毒をはじめとする性病の拡散が問題視されています。

オスがメスに好意を持って近づくのは生き物の本能です。それに応じて草むらでするのも本能です。民主主義も社会主義も関係ありません。どこまで自由にさせるか、何を規制するのかは常に難しい判断です。

# 卓球の国際試合で負けたら売国奴

スポーツについても少し述べておきましょう。

ご承知の通り、中国が世界で最も成果を上げているスポーツのひとつは卓球です。卓球、つまりテーブルテニスはイギリスで生まれた競技です。それがいまや中国の国技とすら思うほど、圧倒的な強さを誇っています。

日本やシンガポールも頑張っていますが、中国との差は歴然です。日本の卓球チームは、中国から帰化した選手で勝ってきた印象はぬぐえませんし、日本人選手で中国に卓球留学する選手も後を絶ちません。

なぜ中国は卓球が強いのか。そこには様々な理由が考えられます。当然競技人口が多いことが挙げられます。では、なぜ多いのか。北京で暮らしていた体験から述べさせていただくと、中国という環境に合っていたのではないかと思います。

北京でも上海でも、中国の街ではあちこちで、外に台を出して麻雀をやり、卓球をやります。卓球という競技の性格上、卓球台1つとラケット、それにピンポン球があれば、道端でもプレイでき、近所の仲間と遊べる。しかも台は折りたたんで収納できる。そうして、どんどん競技人口が増えていったのでしょう。ブラジル人がみんな草サッカーをやり、アメリカ人が草バスケットボールをやっているのと同じ感覚です。

14億人もいる国で〝草卓球〟のプレイヤーが増えれば、次々と才能が生まれ、そこに政府がコストをかけます。優秀な選手には補助金を惜しみません。すると、一獲千金を求めて、競技人口がもっと増えます。相乗効果で強い選手が生まれるわけです。

卓球のほかに中国が強い競技は、水泳の飛び込みや体操でしょうか。これらには、共通点があります。個人競技ということです。個人競技は団体競技と比べると、育成しやすいという利点があります。特定の個人にお金や人材を集中して投資すればよくて、1人が強ければ勝てます。それが成果につながっているのではないでしょうか。

国のトップがやっている競技も繁栄します、習近平も毛沢東も水泳が趣味です。北京の中南海には、国家指導者の事務所が集中していますが、共産党総書記の宿舎には、プールが併設されています。日本でいえば、総理大臣官邸に専用のプールがあるようなものです。

習近平はサッカーも好きで、強化をはかっているものの、なかなか成果を得られていません。野球が強いという話も聞きませんし、中国人は団体競技が苦手なようにも見えます。

中国＝卓球。今は世界中で認識されています。国際大会における、市民の関心ものすごく高く、時々負けると、国中がこの世の終わりであるかのように嘆き悲しみます。

卓球に関しては、中国選手が負けると、一般市民は自国に勝った相手選手を攻撃するよりも、負けた自国の選手を「売国奴」とまで言って罵ることさえあります。中国の卓球選手は他国の選手に負けるわけにはいかないのです。

終章

# 等身大の中国を知り、理解すること

知って
おくべき!

# 等身大の中国とは

無表情で、南シナ海や東シナ海、尖閣諸島に攻勢をかけてくる習近平の中国を見れば、誰もが恐ろしい国だと考えるでしょう。

ただ、これまで述べてきた通り、中国人にはルサンチマンの考え方が根底に流れているように見えます。そしてそれは、習近平個人も同じです。

中国はアヘン戦争以来、領土を奪われ、人々は蔑まれ、列強にボロボロにされて、そのプライドは徹底的に破壊されました。そこへトドメを刺したのが、日本です。

同じアジア人でありながら、明治維新以来、富国強兵を推し進め、日清戦争で清国に勝利して台湾を奪い取りました。その後も1931年には、柳条湖事件をでっち上げて、中国へどんどん進出していきます。

北京や南京を日本に占領され、ここでも中国のプライドはへし折られます。数千年間、弟分くらいにしか考えていなかった日本に侵略されて、中国と中国人は日本を深く恨むようになります。こうした、いじめられてきたという感情が、中国人の根っこにあるということを覚えておきましょう。習近平個人にも、文化大革命で父親が失脚し、自らも下放によって地方での労働生活を余儀なくされ、若い頃にいじめられたという強い被害者意識と苦しんだ記憶があるのです。

彼は中国のトップに立った今も、いつ殺されるかもしれないという恐怖と日々闘っています。中国国内で様々な恨みを買っているのは、ほかの国の指導者とも同じですが、アメリカと対立することで、アメリカから攻撃される恐怖もあります。

習近平に何度も会ったことのある私の中国人の知人が、こう話していました。

「アメリカは、自分の気に入らない他国の政権を転覆させて、その国の指導者を殺害してきた。イラクのフセイン、リビアのカダフィ、サウジアラビア出身のビン・ラーディン……中国に対しても、いつ何を仕掛けてくるかわからないのだ」

つまり、習近平とその側近たちは、「アメリカが中国共産党政権を転覆させようとしている」と考えているのです。

第1章でも述べた通り、1989年に起きた天安門事件も、2014年に香港で起きた、いわゆる雨傘運動も、裏でアメリカが糸を引いていると、半ば本気で信じています。

## 賢い人間10倍、悪いヤツ100倍

中国は、日本の約11倍の人口14億人を擁しています。単純に考えて、日本の10倍以上の賢い人間がいることになります。その中でもスーパー賢い人間が、何パーセントかはいるでしょう。賢い人間が10倍以上だとして、逆に悪いヤツはそれどころでは済みません。中国には、日本の100倍くらいの悪人がいるというのもまた真実です。

私も中国滞在中には、出資話などで何度か騙されています。1回の額は、数万円から十数万円でしたから、勉強代だと考えて諦めました。

私は中国古陶磁の鑑賞を趣味にしているのですが、中国では、とても精巧な贋物が作られています。特に宋時代の、陶磁器の名窯《めいよう》である景徳鎮《けいとくちん》で作られた青白磁《せいはくじ》や、同じく宋時代の耀州窯《ようしゅうよう》で作られた美しいオリーブグリーンの青磁《せいじ》は、骨董のプロでも騙されるほど精巧なものです。

お恥ずかしい話ですが、私もいくつもの偽物陶磁をつかまされました。

「悪貨は良貨を駆逐する」といいますが、中国で暮らすと、どうしても中国人の中の悪人のほうが目立ってしまい、中国人全体を侮るようになったりするものです。

しかし私は、中国人を侮ってはいけないと言いたいのです。

戦前戦後を通じて、中国は日本と比べると格段に遅れた状況にあり、中国と中国人を軽んじる風潮が生まれました。時代が変わった今でも、この風潮は消えていません。

私は幸運にして、中国の知識人と交際することが多く、彼らの優秀さに舌を巻くことが何度もありました。歴史的に、様々な物や思想や制度を発明してきたアジア先進国の人々として、敬意をもって接することがまず必要なのです。とても当たり前のことなのですが……。

## 正しく恐れよ

「彼を知り、己《おのれ》を知れば、百戦殆《あやう》うからず」

孫子の兵法の中で、最も有名な一句です。日本では一般的に、「敵と味方との実力をはっきり知ったうえで戦えば、何度戦っても敗れることはない。」(『広辞苑』第七版)と訳されます。この日本語訳の「敵」に当たる部分の原文は「彼」で、〝敵〟というより、〝相手〟のことをよく知れという意味でしょう。

日本は歴史上、隣の大国である中国を基本的には恐れてきました。それゆえ、中国の文化や制度を日本に取り入れようと、遣隋使や遣唐使を派遣しました。

しかしその一方、中国と戦争をして、幾度も亡国の一歩手前までいきました。

663年の白村江《はくすきのえ》の戦いでは唐に、1890年代の豊臣秀吉の文禄・慶長の役(戦前には「朝鮮征伐」と呼ばれた)では明に、いずれも勝てると見込んで、朝鮮半島に軍を送り敗北しました。1274、81年の元寇(蒙古襲来)では、元に勝てるだろうとの見込みで、迎え撃ちました。そして、前世紀の日中戦争の敗北です。元寇では、なんとか元軍を撃退しましたが、このとき占領された対馬などでは、当時の恐ろしさを、その後数百年にわたって語り伝えています。たとえば元軍は、対馬で捕虜にした人々の手のひらに穴を開けて、鎖を通してつなぎ、船のへりに並べたといったエピソードもあります。

日本と中国の歴史的な国力の違いを考えれば、これまで中国と何度も戦争をして、日本が占領されなかったことは、奇跡に近いといえるかもしれません。今後同じことが起きれば、本当に日本が滅びる可能性も、完全には否めません。

実際、前世紀の日中戦争は、その後アメリカとの戦争に発展して、日本はアメリカに占領されました。歴史を踏まえても、隣の大国との戦争は、絶対に避けなければならないと知るべきです。

孫子の兵法にならって、まずは中国のことを知ろうとする。侮らないこと、過度に恐れないこと、そして、よくわからない政治の動向も含めて、理解する努力を怠らず、〝正しく〟恐れるのが肝要です。

知って おくべき!

# 歴史を学び、中国を知る

どの国家にも歴史があります。

「過去は変えられないが、未来は変えられる」というのは、あまりに有名な言葉ですが、相互理解によって、よりよい未来を築くためには、相手国の歴史を知る必要があります。

そこで、中国を知るためにおすすめしたい本をご紹介しましょう。

一度読んでおいたほうがいいと思う本について、あくまでも私の主観ですが、主に歴史に関する書籍、3作品を挙げておきたいと思います。

## ①『**中国の大盗賊・完全版**』高島俊男（講談社現代新書）

中国に興味がある人に、いつも最初にすすめている本です。

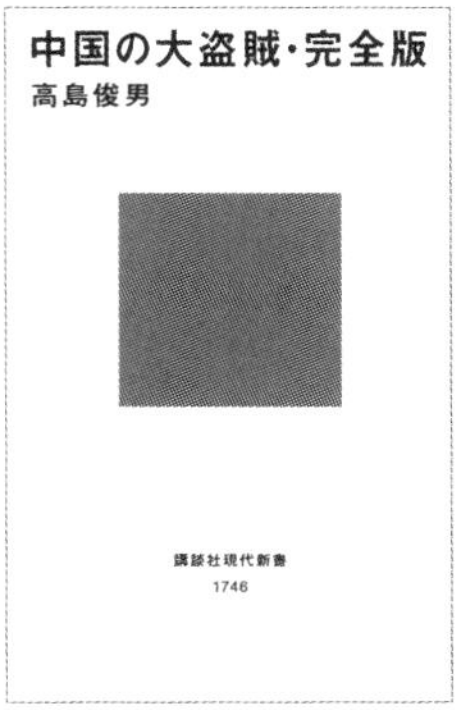

『中国の大盗賊・完全版』
高島俊男（講談社）

陳勝《ちんしょう》、劉邦《りゅうほう》、朱元璋《しゅげんしょう》、李自成《りじせい》、洪秀全《こうしゅうぜん》、毛沢東ら、栄華を極め、どん底も味わった中国の英雄たちの物語です。

著者は中国文学者で、中国の歴史を学べることはもちろん、物語としても非常に面白く読むことができます。

朱元璋は明の初代皇帝ですが、安徽《あんき》省の貧農のごろつきみたいな男でした。そんな人物が王朝をつくってしまうというスケールの大きさも感じられます。〝完全版〟とあるのは、幻の原稿とされた150枚が復元、収録されているからです。

②**『三国志演義』**羅漢中（岩波文庫、講談社学術文庫、角川ソフィア文庫など）

漢王朝が滅亡してから魏《ぎ》、呉《ご》、蜀《しょく》の三国が成立して滅びるまでの歴史を、講談を下敷きにして、元の終わりから明の初めにかけてまとめられたものです。約100年の中国の治乱興亡を描く膨大なページ数からなる時代小説です。

ハードルが高く感じられるようであれば、吉川英治の『三国志』（講談社）を読

『三国志演義 1』羅貫中 著、立間祥介 訳
（KADOKAWA／角川ソフィア文庫）

んではいかがでしょう。『三国志演義』はドライに書かれていて、英雄の死の場面でもその事実にフォーカスしています。だからこそリアルです。一方、吉川英治の『三国志』は情緒的で、死の場面もドラマチックです。

さらに入門として気軽に読むのならば、横山光輝のコミックの『三国志』（潮出版社）はいかがでしょう。

1997年には、文庫版も出版され、私は、第19巻のあとがきを書かせてもらいました。中国に興味を持っている人に渡すために、私は常にこの19巻を何冊か、自宅にストックしています。どれを選ぶかは好みですが、中国について知ることが目的ならば、『三国志演義』をおすすめします。

中国には、「老不看三国」という言葉があります。『三国志演義』の中では、様々な権謀術数が描かれることから、すでにずる賢くなっている老人は、この本を読んではいけないという意味です。それだけ多くの中国人に読まれているという証左でもあります。

### ③『墨攻《ぼくこう》』酒見賢一（新潮社）

『墨攻』酒見賢一（新潮社）

紀元前の中国の戦国時代を描いた歴史小説です。平和主義・博愛主義を説いた墨子の思想を貫く革離《かくり》という人物の、権力との戦いが描かれています。中国でいう「城」の考え方は、街全体を表しており、日本の「城」とまったく違うことに気付くはずです。少しストーリーが違いますが、小学館でコミック化されているので、そちらから読んでもいいかもしれません。

以上の3作品を読むと、中国への理解度は格段に上がると思います。コミックの『キングダム』が大ベストセラーになっていますが、何よりも中国史は、人物が躍動的で今を生きる我々に様々な教訓を与えてくれます。

今の中国を理解するのに、古い歴史の本を読んでも役に立たないと言う人もいますが、私はそうは思いません。歴史を重んじる中国人は、その影響を今も色濃く残しているのです。

## お互いの国の歴史観について語り合う

私が学生時代に香港に留学して、中国と本格的に関わってから、中国人と親しくなれたかどうか、相手の中国人が信頼できるかどうかのバロメーターとしていることがあります。

それは、「日中戦争（中国では、抗日戦争）」「文化大革命」、そして1989年の「天安門事件」について、対話できたか否かです。

この3つは、日本人も中国人も触れたくない歴史の機微に触れる出来事であり、3つとも大きな悲劇です。日中戦争と文革は、千万単位の死者が出て、天安門事件は、死者数はわかりませんが、当時、全世界に中継された大事件です。

こうしたお互いの負の遺産ともいえる歴史について話ができるかどうかで、相手の中国人が信頼できるか、1つのバロメーターになると私は考えています。

文革に関しては、中国共産党でさえ「10年の災難（十年浩劫）」と総括している負の歴史です。当時の、文化人や学者、反革命とみなした指導者に対する紅衛兵たちによる吊し上げや、迫害に関する例をいくつか挙げてみましょう。

中国の代表的な作家の1人である老舎《ろうしゃ》は、ロンドン大学への留学やアメリカで生活していた時期もありましたが、中華人民共和国が建国されると、周恩来国務院総理に乞われて帰国します。北京の貧しい人力車夫を主人公に、庶民生活を美しい言葉で描いた『駱駝祥子《ルオトウシャンツ》（らくだのシアンツ）』は、私も原文で読みました。

老舎は人民芸術家の称号を受け、中国作家協会の主席を務めていましたが、文革が始まると紅衛兵に激しく暴行され、入水自殺に追い込まれたのです。

また、建国の十大元帥の1人であり、朝鮮戦争で戦線を38度線まで押し戻した大軍人の彭徳懐は、文革によってもっと悲惨な運命をたどります。

彭徳懐の国防部長時代（1954～59年）、竹内実（京都大学名誉教授）が彭徳懐へ自衛隊について聞いたところ、「主権国家が軍を持つのは当然のことだ」と答えたと、私は竹内氏から聞きました。

日中戦争の傷がまだ癒えぬ頃、こうした発言は、中国国内で強い批判を浴びかねないものですが、逆に彭徳懐の硬骨漢ぶりを表すエピソードです。

その彭徳懐は、大躍進政策で多くの餓死者が出ている現状を見てショックを受け、1959年、毛沢東に問題点を指摘した上申書を提出します。毛はこれに激怒し彭を批判、彭は国防部長と党軍事委員会委員を解任されます。

その後の文革では、彭徳懐は当然のごとく紅衛兵の吊し上げにあい（143ページ）、暴行により肋骨を折られ、病室に監禁されます。病室の窓はすべて『人民日報』（中国共産党の機関紙）で覆われ、外が見えないようにされました。1974年には、直腸がんと診断されますが、鎮痛剤の注射も拒否され、激痛の中、下血と血便にまみれたまま放置されました。監禁されてから8年後、そのまま彭徳懐は亡くなります。死亡カルテには、「王川」というまったく違う名前が書かれました。

救国の英雄の、あまりに無惨な最期でした。

文革はまさに一大悲劇でしたが、私は何度か酒席を共にしたような友人には、あえて文革の話題を持ちかけました。当然日本側の負の歴史も語らなければなりません。それが、日中戦争の歴史です。日本が国策を誤り、中国をどんどん侵略していったという歴史観も踏まえた上で、文革や天安門事件について話すと、少なくとも私の中国の友人たちは、様々な意見を開陳してくれました。

日中戦争を肯定する人もいませんでしたし、文革を賛美する人もいませんでした。ただ、1989年の天安門事件に関してだけは、広場が学生や市民に占拠される中、時の最高権力者だった鄧小平について、軍隊で鎮圧するよりほかに選択肢がなかったという肯定的な意見も聞かれました。賛否は別にして、こうした本音を聞けることは、相互理解にとってとても重要なことだと私は考えます。

私がラジオ記者をしていた時代、中国のことを話したり、解説したりするだけで、ネット掲示板には、〝武田は中国の犬〟などと書き込まれました。

こうやって中国を理解することを拒絶する連中が、日中戦争に突き進んでいったんだなあと、感慨深かったことを覚えています。

よく親中派と言われますが、私は、自分が親中派だとは思いません。もちろん嫌中でもありません。

あえて言うなら、「知中派」でありたいと願っています。

※外務省、内閣府、在中日本国大使館、海上保安庁のHPなどを基に作成。
※主な出来事がない期間の日本の総理は割愛した。

# 日中関係年表

| 年 | 日中間の主な出来事 | 日本の総理 | 中国のトップ |
|---|---|---|---|
| 1931 | 9月、日本軍が柳条湖付近で鉄道を破壊、満州事変の発端となる | 若槻禮次郎 | 蔣介石 |
| 1932 | 1~3月、上海事変 | 犬養毅 | |
| 1937 | 7月、盧溝橋事件を発端に日中戦争開始 | 林銑十郎 | |
| | 12月、南京事件 | 近衛文麿 | |
| 1939 | 重慶無差別爆撃（~43年頃） | 阿部信行 | |
| 1941 | 12月、真珠湾攻撃、太平洋戦争開始 | 東條英機 | |
| 1945 | 8月、太平洋戦争終結、日中戦争終結 | 鈴木貫太郎 | |
| 1949 | 10月、中華人民共和国建国 | 吉田茂 | 毛沢東 |
| 1969 | 5月、国連が尖閣諸島周辺海域に石油資源が埋蔵されている可能性を指摘 | 佐藤栄作 | |
| 1971 | 台湾・中国が史上初めて公式に尖閣諸島は国有の領土であると主張 | | |
| 1972 | 9月、田中総理訪中、「日中共同声明」発表、日中国交正常化 | 田中角栄 | |
| | 10月、中国より上野動物園にパンダ2頭が贈呈される | | |
| 1973 | 1月「在中国日本国大使館」、2月「在日本国中国大使館」開設 | | |
| 1974 | 「日中貿易協定」「日中航空協定」「日中海運協定」「日中常駐記者交換覚書」締結 | | |

| | | | |
|---|---|---|---|
| | 7月、「中華人民共和国展覧会」大阪・東京で開催、入場者数約400万人 | | |
| 1975 | 8月、「日中漁業協定」締結 | 三木 武夫 | |
| 1977 | 7月、日本で「領海法」（現在の「領海及び接続水域に関する法律」）が施行 | 福田 赳夫 | |
| 1978 | 4月12～18日、延べ357隻の中国漁船が尖閣諸島領海に侵入 | | 鄧小平 |
| | 5月、「上海宝山製鉄所建設の議定書及び技術援助契約」締結（長期貿易最初の協定） | | |
| | 8月、園田直外務大臣訪中、「日中平和友好条約」締結 | | |
| | 10月、鄧小平副総理訪日（中国国家指導者の初訪日）、日中平和友好条約の批准書交換 | | |
| 1979 | 12月、大平総理訪中、対中経済協力「ODA」開始、「日中文化交流協定」締結 | 大平 正芳 | |
| 1980 | 5月、華国鋒総理訪日（中国総理の初訪日） | | |
| 1983 | 9月、「日中租税協定」締結 | 中曽根 康弘 | |
| | 11月、胡耀邦総書記訪日「日中友好21世紀委員会」設立を決定 | | |
| 1984 | 9月、日本の青年3000名が中国側招待で各地訪問 | | |
| 1985 | 3月、中国青年代表団100名来日 | | |
| 1992 | 2月、中国が尖閣諸島を中国の領土とする領海内法を制定 | 宮澤 喜一 | 江沢民 |
| | 10月、天皇皇后両陛下訪中（北京、西安、上海） | | |

| | | | |
|---|---|---|---|
| 1995 | 1月、阪神・淡路大震災の発生に際し、中国が緊急援助物資を提供<br>8月、村山総理、戦後50周年の総理談話発表<br>11月、江沢民総書記訪日、「APEC首脳会議」出席 | 村山 富市 | 江沢民 |
| 1996 | 2月、中国雲南省地震の発生に際し、日本が30万ドルを緊急援助<br>7月、中国安徽省等の洪水災害に日本が30万ドルを緊急援助<br>7月、日本について国連海洋法条約が発効（排他的経済水域（EEZ）の設定）<br>9月、中国海洋調査船が尖閣諸島領海に侵入 | 橋本 龍太郎 | |
| 1997 | 11月、李鵬総理訪日、「日中漁業協定」（新協定）締結（2000年6月発効） | | （鄧小平死去） |
| 1998 | 11月、江沢民国家主席訪日、歴史問題について宮中晩餐会で発言 | 小渕 恵三 | |
| 2000 | 5月、江沢民国家主席が日中関係についての「重要講話」を発表<br>10月、朱鎔基総理訪日、TBSで市民対話 | 森 喜朗 | |
| 2001 | 8月13日、小泉総理靖国神社参拝（以降2006年まで年1回参拝）<br>10月、対中ODA、「対中国経済協力計画」の策定、小泉総理訪中、江沢民主席・朱鎔基総理と会談、「上海APEC」出席<br>11月、「ASEAN＋3（日中韓）首脳会議」開催 | 小泉 純一郎 | |
| 2002 | 4月、小泉総理「ボアオ・アジア・フォーラム」出席、朱鎔基総理と会談 | | 胡錦濤 |

| | | |
|---|---|---|
| 2003 | 9月、日中国交正常化30周年記念式典、1万3000人の訪中団訪中<br>11月、「ASEAN+3(日中韓)首脳会議」開催<br>11月、小泉総理大臣「APEC2004首脳会議」出席、胡錦濤国家主席と会談、「ASEAN+3(日中韓)首脳会議」出席、温家宝総理と会談 | |
| 2004 | 10月、第1回東シナ海に関する日中協議(北京) | |
| 2005 | 5月、呉儀副総理訪日、小泉総理との会談をドタキャン<br>8月、小泉総理、終戦60周年の総理談話発表 | |
| 2006 | 10月、安倍総理訪中、日中共同プレス発表、「戦略的互恵関係」を打ち出す<br>12月、日中歴史共同研究第1回全体会合(北京)<br>対中ODA、一般無償資金協力の新規承諾終了 | 安倍 晋三 |
| 2007 | 1月、安倍総理が「21世紀東アジア青少年大交流計画」の実施を表明<br>4月、温家宝総理訪日、日中共同プレス発表<br>日中貿易総額(2千367億米ドル、対香港貿易除く)が初めて日米貿易総額(2千142億米ドル)を上回る<br>対中ODA、円借款の新規承諾終了 | 福田 康夫 |
| 2008 | 5月、胡錦濤国家主席訪日、「戦略的互恵関係」に関する日中共同声明発表<br>6月、東シナ海における日中間の協力についての日中共同プレス発表 | |

| | | | |
|---|---|---|---|
| 2008 | 8月、北京オリンピック開催、福田総理・石原都知事らが訪中し開会式参加<br>10月、麻生総理訪中、「ASEM首脳会議」および「日中平和友好条約」締結30周年記念レセプション出席<br>12月、中国国家海洋局に所属する船舶2隻が尖閣諸島領海に侵入、温家宝総理訪日、「日中韓サミット」出席 | 福田 康夫<br>麻生 太郎 | 胡錦濤 |
| 2009 | 7月、日本が中国人個人観光客へのビザ発給を開始<br>10月、鳩山総理訪中、「日中韓サミット」出席<br>12月、民主党小沢幹事長訪中、習近平国家副主席訪日 | 鳩山 由紀夫 | |
| 2010 | 5～10月、「上海国際博覧会」開催<br>9月、尖閣諸島周辺の領海内で中国の漁船が日本の巡視船に衝突 | 菅 直人 | |
| 2011 | 3月、東日本大震災の発生に際し、中国が救援隊を派遣<br>5月、温家宝総理訪日、「日中韓サミット」出席、東日本大震災の被災地を見舞う | 野田 佳彦 | |
| 2012 | 日中国交正常化40周年として「日中国民交流友好年」を実施<br>5月、野田総理訪中、「日中韓サミット」出席<br>9月、尖閣諸島（魚釣島、北小島、南小島）を日本政府が取得・国有化<br>12月、中国海洋局の航空機が尖閣諸島の領空を侵犯 | 安倍 晋三 | 習近平 |

| | |
|---|---|
| 2014 | 11月、安倍総理訪中、「北京APEC首脳会議」出席 |
| 2015 | 5月、約3000名の日中観光文化交流団訪中 |
| 2016 | 9月、安倍総理訪中、「G20杭州サミット」（習近平国家主席が初議長）出席 |
| 2018 | 5月、安倍総理と習近平国家主席との初の日中首脳電話会談 |
| | 5月、李克強総理訪日、「日中韓サミット」出席、（国務院総理として8年ぶりの公式訪日） |
| | 10月、安倍総理訪中（多数国間会議への出席を除き日本の総理大臣として約7年ぶりの訪中） |
| 2019 | 6月、習近平国家主席訪日、「G20大阪サミット」出席 |
| | 12月、安倍総理訪中、「日中韓サミット」出席 |
| 2021 | 2月、「中国海警法」施行 |
| 2022 | 3月、対中ODA終了 |
| | 11月、タイ・バンコクで岸田総理と習近平国家主席が首脳会談 |
| 2023 | 2月、上野動物園のシャンシャンが中国へ返還 |
| | 11月、アメリカ・サンフランシスコで、岸田総理と習近平国家主席が首脳会談 |
| 2024 | 9月、広東省深圳で日本人学校児童が刺殺される |
| | 11月、ペルー・リマで石破総理と習近平国家主席が首脳会談 |

●菅 義偉

●岸田 文雄

●石破 茂

## あとがき

「専門知識がない読者にもわかる、中国を知るための本を書いてほしい。書名は『日本人が知っておくべき中国のこと』――――」

この依頼を受けたとき、私は正直たじろいでしまいました。日本と比べて、人口は約11倍、面積は26倍という巨大な国を、一冊の本で解説することができるだろうかと。日本という小さな国でさえ、北海道から沖縄まで様々な違いがあって、一括りに語ることは難しいのですから。中国を理解するための本は日本に星の数ほどありますが、本書を執筆するにあたって、私は中国の歴史からアプローチしていこうと考えました。

原泰久によるコミック『キングダム』は、本を書く者にとっては、うらやましいほどの大ベストセラーです。また、1974年が初版の、横山光輝が描いた『三国志』は、50年以上経った今も愛され続けるロングセラーです。

そう、日本人は中国の歴史が大好きなのです。

中国史には、日本史のような複雑さがありません。天皇と武士が共存し、権力構造の把握が難しい日本史に比べると、中国史は、武力によって時の政権を倒すのが通常の流れ。『キングダム』の題材となっている秦帝国は、始皇帝嬴政《えいせい》の死後、陳勝《ちんしょう》・呉広《ごこう》の乱という農民の反乱により弱体化しますが、その際の陳勝のスローガンは「王侯将相いずくんぞ種あらんや」。

これは「王様？ 将軍？……いや、人間の地位に生まれながらのものなんかない！」という意味で、「地位なんか関係ないのに、搾取されるのはもうたくさんだ！ 王なんて誰でもなれるのだ！」ということでしょう。武力によって革命を起こし政権を交代させるという歴史は、毛沢東による中華人民共和国成立まで踏襲されていますが、こうしたわかりやすさこそが、中国史の魅力を普遍的なものにしています。

もちろん、現代の中国人自身も自国の歴史に誇りを持っていて、それは日常会話の中にも現れます。2000年、当時の中国の国務院総理・朱鎔基がTBSまで足を運び、日本の一般市民と対話する番組が放送されました。中国の首脳が、ありきたりのインタビュー形式ではなく、日本国民と直接対話する番組に臨むなど初めてのこと。

中国大使館の担当者は、朱鎔基が番組に出演すると決めた旨をTBS側に知らせるとき、到底不可能だと思われていた企画が、意外にも実現したことを評して、南宋の陸游《りくゆう》の詩の一節をそらんじました。

## 山重水複疑無路　柳暗花明又一村

この意味は「山が重なり、川が流れ、もう行き止まりかと思っていたら、柳が茂り、花が咲いている村が、突然現れた」……つまり、もうダメだと思っていた番組の企画が、突然目の前が明るくなるように実現したという、詩に表現されている情景と現状、その心境を重ねて伝えたのでしょう。

また、2000年代に欧米が中国の人権意識の低さを非難した際に、私の中国の友人は「抜苗助長《ばつびょうじょちょう》」という孟子の言葉を引用しました。

「早く育てようとして苗を上に引っ張ってしまえば、成長を助けるどころか、根っこから抜けてそれごと死んでしまう。中国の人権意識も同じで、長い目で見てほしい」という意味でした。

このように中国人は、詩文の一節や故事成語をよく使います。逆にこちらも詩文や故事成語を用いて会話すると、コミュニケーションがうまくいくこともあります。

もちろん、「唐宋変革論」といって、中国の社会構造や文化は宋の時代にまったく違うものになったので、今の中国人と昔の中国人は別だという議論が日本にあることは承知しています。それでも私は、古典をそらんじて日常会話に用いる中国人が、昔と今でまったく違う人々になったとは信じられないのです。

本文中に中国の詩文や故事成語をあえて挿入しましたが、それらの言葉や、終章にておすすめした数冊の本などを通して、今の中国を知る上で、中国史にも興味を持っていただけたなら、筆者としてこれ以上に嬉しいことはありません。

また、本書の制作にあたっては、編集の近江聖香氏より多大な協力を得ました。彼女の懇到切至なプロ意識がなければ、この本を編むことはできませんでした。ここに謝意を表します。

中国を語ると、それだけで日本国内では批判を受けることも多いのですが、それでも私の考えの一端を記しておくべく、本書を書き進めてきました。

ぜひとも、中国を知ろうとする読者の方々からの叱正を待ちたいと思います。

武田一顕

**武田《たけだ》一顕《かずあき》**

1966年生まれ。東京都出身。早稲田大学第一文学部卒業、中国文学専修。元TBSラジオ国会担当記者。当時より“国会王子”という異名で知られる。また、『サンデージャポン』の政治コーナーにも長く出演し親しまれた。2023年6月、報道局ニュース編集長を最後に退社。以来、フリーランスのジャーナリストとして活動中。大学在学中には香港中文大学に留学経験があり、TBS在職中も特派員として3年半北京に赴任していた経験を持つ。その後も年に数回は中国に渡り取材を行っている「中国通」でもある。


編集・デザイン　近江聖香（Plan Link）
カバーデザイン　櫻田渉
執筆協力　神舘和典
校閲　大塚愛
企画・構成　廣瀬祐志


# 日本人が知っておくべき中国のこと


2024年12月25日　初版第1刷発行

著者　武田一顕
発行人　廣瀬和二
発行所　辰巳出版株式会社
〒113-0033 東京都文京区本郷1丁目33番13号 春日町ビル5F
TEL 03-5931-5920（代表）
FAX 03-6386-3087（販売部）
URL http://www.TG-NET.co.jp/

印刷・製本　中央精版印刷株式会社

本書の内容に関するお問い合わせは、
お問い合わせフォーム (info@TG-NET.co.jp) にて承ります。
電話によるご連絡はお受けしておりません。

定価はカバーに表示してあります。

万一にも落丁、乱丁のある場合は、送料小社負担にてお取り替えいたします。
小社販売部までご連絡下さい。




ISBN978-4-7778-3171-5